\ 一肉一菜 /

スパイス弁当

印度カリー子

世界文化社

INTRODUCTION

スパイス料理が大好きでお弁当にも持っていきたいくらい！
…でも何をどうやって詰めればいいの？　という方へ

　私も大学１年生のときに上京してから、毎日欠かさずお弁当を作って持っていっています。スパイスカレーが大好きになってから普通のおかずでは物足りず、スパイス料理やカレーをお弁当にするようになりました。どんなに忙しくても毎日続けられるコツと私のルーティンをご紹介します。

　本書のレシピでは３つのことに、こだわっています。

① 作り方が簡単で、冷蔵・冷凍保存で作りおきができる。
② 冷めてもおいしくてヘルシー（とくにカレーで実感できるかと）。
③ 一見普通のお弁当っぽいのに、実はスパイスが最高に効いていて、ひと口食べると思わずニヤリとする。

　すべて、お弁当に持っていきやすいおかずですが、もちろん毎日の常備菜にして食べるのも大歓迎です。私はお昼にお弁当として持っていき、夜は普通のおうちごはんとして楽しんでいます。

　どこのお弁当屋さんにも、どこの食堂にもない、最高のスパイス弁当を一緒に楽しみませんか。

印度カリー子

スパイス弁当の いいところ!

冷めても おいしい!

スパイスを複数使ったおかずは
時間がたつと調和が生まれて
熟成したようなおいしさに！
小麦粉なしのスパイスカレーは
冷めてもめちゃウマ♡

健康にいい!

食べる漢方ともいわれるスパイス。
代謝が上がってダイエット&美容にも
体調がイマイチな時にも◎。
心も体も元気に！

抗菌・抗酸化作用で 持ちがいい!

スパイスの殺菌効果で保存性が
ぐんとアップ。常夏のインドでも
お弁当文化があり
その効能の高さがわかります。

とっても簡単!

フライパンひとつで
炒める、和えるだけ
のシンプルレシピが中心。
複雑な作業がないから
無理なく続けられる！

新しい味わいで楽しい!

いつもの食べ慣れたお弁当も
新しい味や香りをプラスすることで
味わいの満足度もアップ!

CONTENTS

※掲載した写真の色や素材感が、実際の商品と若干異なる場合があります。あらかじめご了承ください。

PART.3
ドライカレーのスパイス弁当

column

PART.4
調理法別 野菜・豆・卵のおかず

column

PART.5 番外編
忙しい日の
クイックスパイスランチ

column

\ カリー子の /

スパイス弁当のルール

RULE : 1　一肉一菜が基本！

スパイス弁当は、たくさんのおかずを詰める必要はありません。
「1つのメインおかず（肉 or 魚介）」
「1つの副菜おかず（野菜 or 豆 or 卵）」を組み合わせれば十分。
本書では、スパイスカレー以外にも、職場や学校に
持っていきやすい**スパイスのおかず**を充実させました。
本当に満足できる２品に絞ることで、**スパイス初心者でも**
挑戦しやすく、栄養バランスも考えやすくなります。

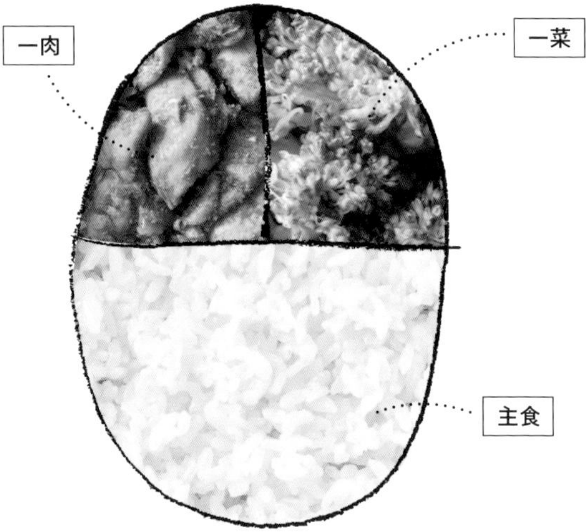

RULE :2 週末に作りおきする

新しい味にチャレンジしやすいよう、本書では
すべて**「作りおき」**を提案しています。
時間のある週末や、食材が安いときなどに
まとめて作って冷蔵・冷凍保存しておけば、**平日の朝は楽ちん**。
いろいろ作っておけば、一肉一菜のバリエーションも豊富に！
どれも身近な食材で、安心して保存できるおかずレシピなので
おうちごはんにも活用できます。

RULE :3 朝は詰めるだけ！

毎日お弁当が欠かせない私が編み出したのが
「朝はおかずを詰めるだけ！」という方法。
これを決めると肩の力が抜けて、余裕のない日でも
お弁当づくりを続けることができています。
忙しいけどおいしいものを食べたい人、スパイス料理が好きすぎて
学校や職場にも持っていきたい人も
これならできそうな気がしませんか?
おかずもたったの２品なので、詰めるのも簡単です。

＼カリー子流／

スパイス弁当 3 STEP ルーティン

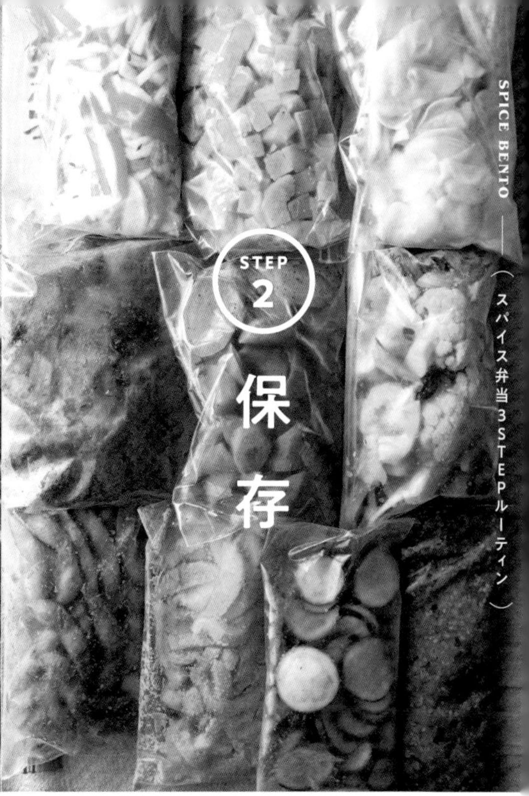

スパイス弁当のルールがわかったところで、次は実践！　お弁当づくりのルーティンを体験してみましょう。工程は3つ！　①一肉おかずと一菜おかずを作る。②別々に保存容器に入れて冷蔵庫へ。③お弁当日の朝に、おかずを取り出してお弁当箱に詰める。たくさんおかずを作って冷凍しておけば、朝は「詰める」だけの楽ちんさ！ 次ページから、お試し３日間のルーティン例をご紹介します。

STEP 1 週末におかずを作る

START!

お弁当づくりを続ける秘訣は、習慣を決めてしまうこと。週末や休日など、時間のある時にまとめて作りましょう。数種類のおかずをできるだけたくさん作っておくと便利。心にも体にも余裕ができ、健康的なお弁当ライフに！

一肉おかずを作る

バランスよく「肉、魚介、カレー」と異なる種類でもいいし、同じ調理法なら一気に作れてさらに時短にも！

Menu

□タンドリーチキン →P.24
□スパイスフィッシュ →P.62
□キーママタール →P.78

一菜おかずを作る

作り方がシンプルな副菜おかずは、どんなメインおかずにも合うものが多いので、量を作っておくと重宝します。

Menu

□ブロッコリーのクミン炒め →P.92
□しそのクミンみそ巻き →P.101

STEP 2 冷蔵・冷凍保存をする

フリーザーバッグに入れる

おかず１種ごとにフリーザーバッグに入れて保存。ひき肉おかずは薄く平らな状態にして冷凍すると解凍しやすく便利。

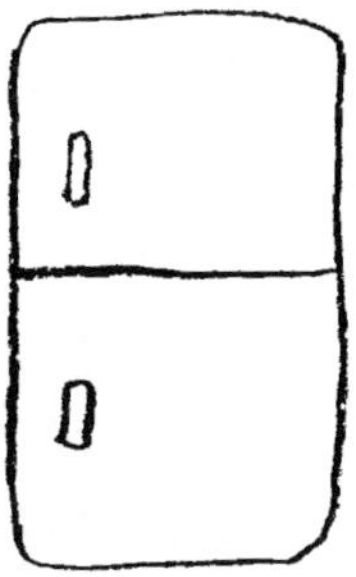

フリーザーバッグや保存容器に入れる

おかず１種ごとに保存容器に入れて保存。中身が見えるか重ねられるかなど、使いやすい保存容器を選んで。

冷蔵保存か冷凍保存か食べきれる日数によって保存を。わからない場合は冷凍しておけば安心です。

STEP 3 お弁当箱に詰める ［ Day.1 ］

Day.1

朝

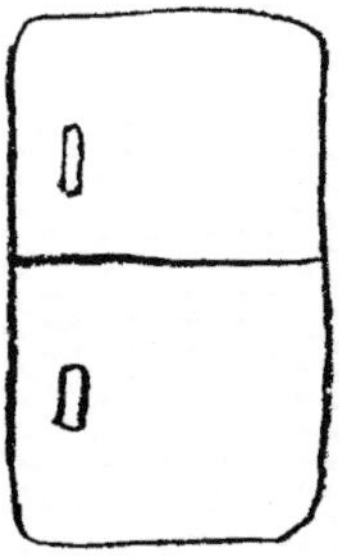

1.

冷蔵庫からおかずを出す

1日目のお弁当は、
タンドリーチキンとブロッコリーのクミン炒め。
冷蔵庫から出したおかずは、お弁当箱に詰める分だけ
清潔な箸で取り出し、残ったおかずはすぐ冷蔵庫に戻すこと。

MORNING

2.

お弁当箱におかずを詰める

粗熱を取ったご飯を詰めたら、おかずの出番。
作りおきおかずは、中途半端に温め直すと
かえって持ちが悪くなるので
冷蔵庫から出してそのまま詰めましょう。

完成まで
計5分！

Finish!

3.

タンドリーチキン弁当完成!

のっけ弁にしてボリュームたっぷりに！
ふたを開けたら、食欲そそる
スパイスの香りがふんわり。

STEP 3

お弁当箱に詰める [Day.2]

Day.2

朝

1. 冷蔵庫からおかずを出す

2日目のお弁当は、
さばを焼いた
スパイスフィッシュと
しそのクミンみそ巻き。

2. お弁当箱におかずを詰める

メインおかず、副菜おかずの
順に詰めるとバランスが取りやすい。

完成まで
計5分！

Finish!

3.

スパイスフィッシュ弁当完成！

見かけは和風弁当、
食べたらあふれるスパイスの香り！
彩りが欲しい場合はプチトマトを。

STEP 3

お弁当箱に詰める [Day.3]

[前夜]
ターメリックライスを炊く

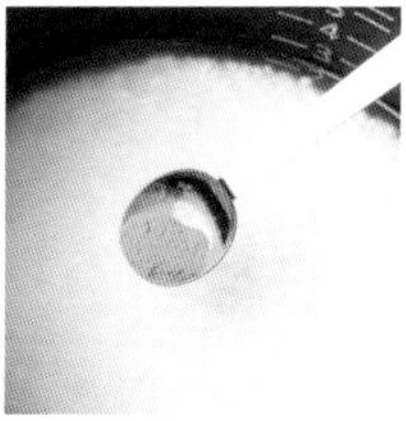

余裕のある夜は、スパイスおかずに最高に合う主食をセット。とはいえ、ターメリックを入れて、普通に炊くだけなのでとても簡単（P.88）。

Day.3
朝

1. 冷蔵庫からおかずを出す

2. お弁当箱におかずを詰める

3日目のおかずはドライカレーがメイン。1日目の副菜おかずと組み合わせて。

冷凍したドライカレーはそのままの状態で詰めてOK！（真冬の場合は半解凍すると安心）

3. キーママタール弁当完成!

食べる頃にはカレーが自然解凍されて、おいしい状態で食べられます。

冷蔵・冷凍保存のコツ

基本的に、作った翌日に持っていくおかずは冷蔵保存で、
それ以外は冷凍保存すると安心。しっかり守れば、長くおいしく味わえます。

POINT 01

小分けカップ活用で自然解凍もOK

そぼろなどの細かいおかずは
１食分ずつカップに入れて冷凍保存すると
使いやすく、**夏場は凍ったまま**
お弁当に入れても、**自然解凍**で
おいしく食べられます。オーブンや
電子レンジで使える小分けカップが便利。

POINT 02

清潔な箸で保存容器に入れる

おかずを保存容器に入れる際には
必ず**清潔な箸**で。複数の容器から
おかずを取り出すときも
箸を使い回すのはNG。
雑菌が付着する原因になります。
保存容器も熱湯消毒して
衛生面の徹底を。

POINT 03

フリーザーバッグで〈塩もみ→保存〉ができる

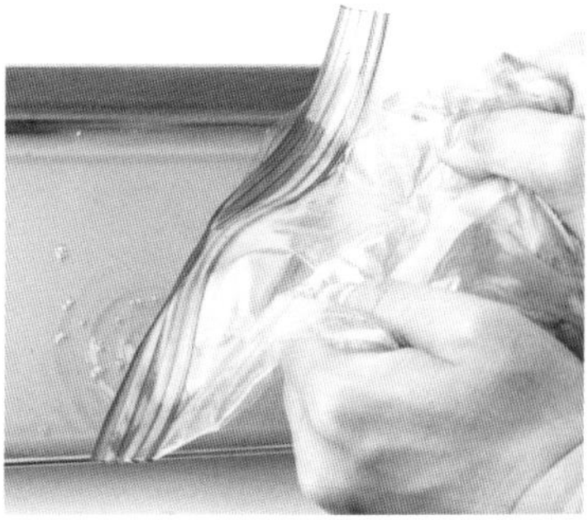

フリーザーバッグは、材料を全部入れて
野菜の塩もみなどができる使い勝手の
いい便利グッズ。野菜などの素材から
出てくる水分は腐敗を促進するので
袋の上から絞って余分な水分を除き、
空気をしっかり抜いてから保存します。

POINT 04

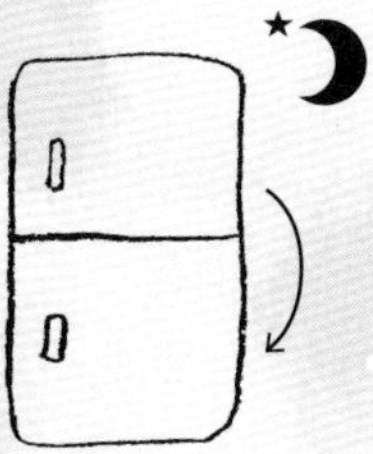

冬場は〈冷凍庫→冷蔵庫〉へ前夜に移動

冷凍おかずは、冬の寒い時期などにそのまま
お弁当に詰めると、自然解凍ができない
こともあります。**前夜に冷蔵庫に移動**
しておくか、当日の朝に電子レンジで半解凍
すると安心。**夏場は凍ったまま詰めればOK。**

POINT 05

煮汁のあるおかずは1回分ごとに密閉容器に

煮汁のあるおかずは、
1食分を密閉容器に入れて冷凍保存。
食べる場所に**電子レンジがある場合は**
冷凍のまま、電子レンジがない場合は
半解凍して持っていくと
おいしく食べられます。

本書で使う基本のスパイス

パウダースパイス

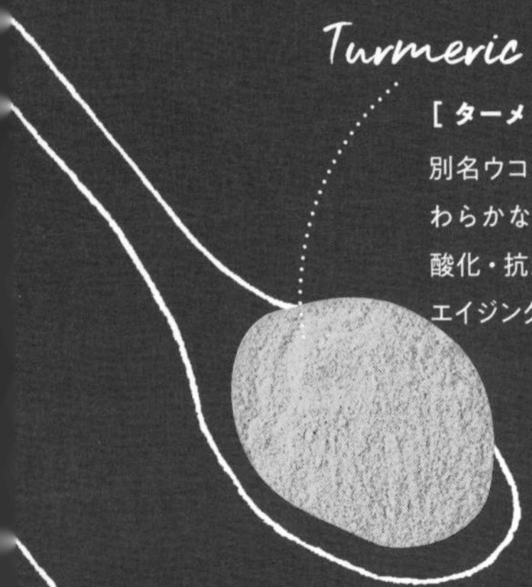

Turmeric

[ターメリック]

別名ウコン。土のようなやわらかな香りが特徴。抗酸化・抗がん作用、アンチエイジングの効能がある。

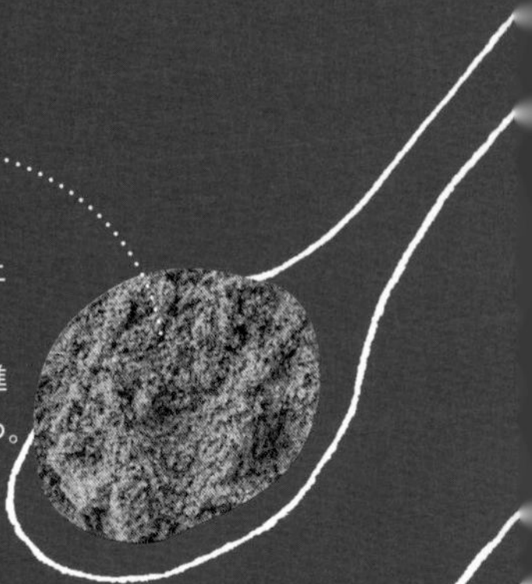

Cumin

[クミンパウダー]

カレーを連想させるエスニックな強い香り。食欲増進、消化促進などの健康作用を持つ。

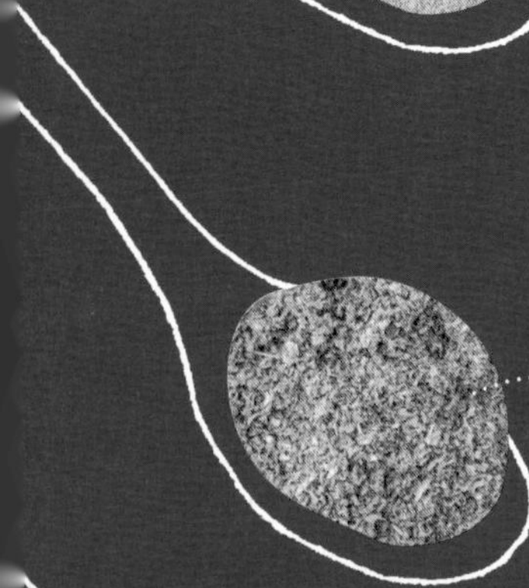

Coriander

[コリアンダー]

パクチーの種の粉末。柑橘類を思わせる爽やかな香りが印象的。他のスパイスを調和させる。整腸作用あり。

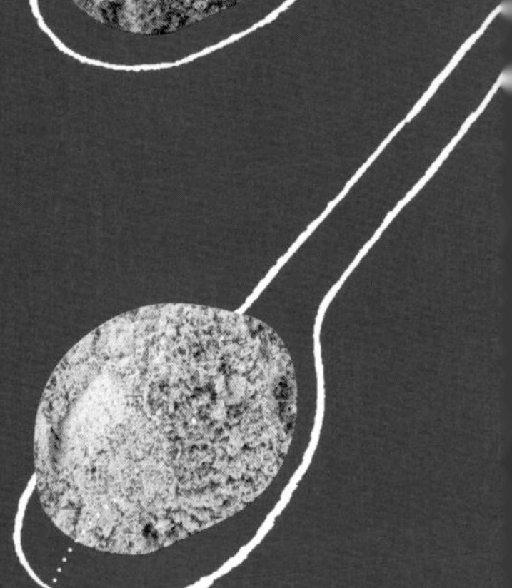

Cardamon

[カルダモンパウダー]

別名スパイスの女王。爽やかな香りでひときわ存在感がある。リラックス効果、集中力アップに◎。

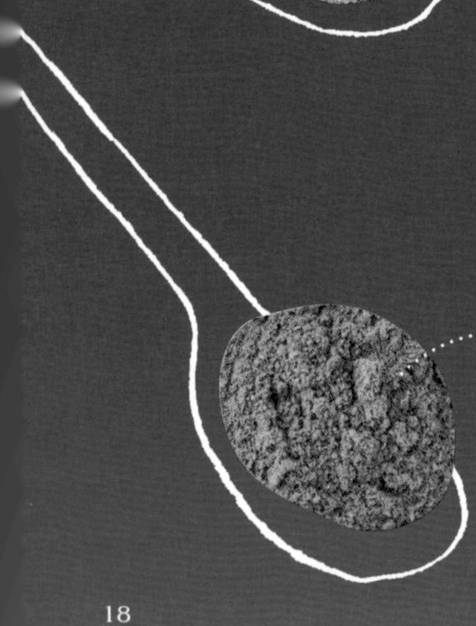

Cinnamon

[シナモンパウダー]

甘くて独特な香りが特徴。カシアという強い香りを持つ種類がおすすめ。むくみ改善に効果あり。

Cinnamon

[シナモンホール]

樹皮の部分を乾燥させたもの。カシアという種類がおすすめ。シナモンスティックでもOK。

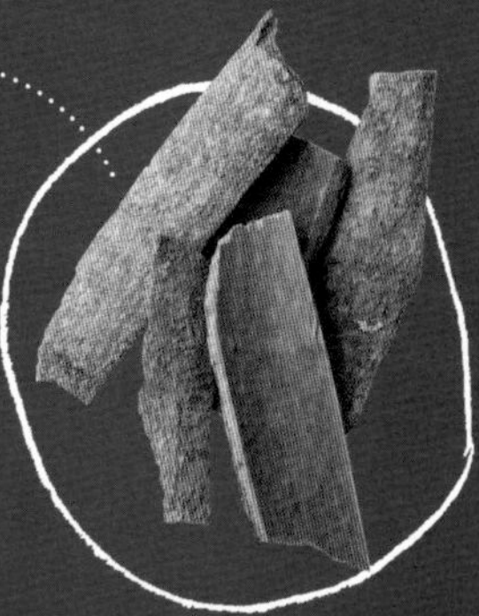

ホール
スパイス

Cardamon

[カルダモンホール]

ショウガ科の植物の種子を乾燥させたもの。深い香りが持続するため本格的な味わいに。価格は高め。

Cumin Seed

[クミンシード]

香ばしさと淡い苦みを持つ。汎用性が高いのでパウダーと両方あると便利。

辛み
スパイス

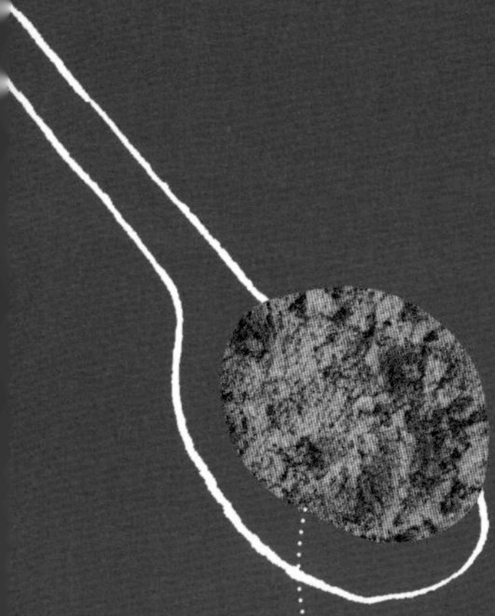

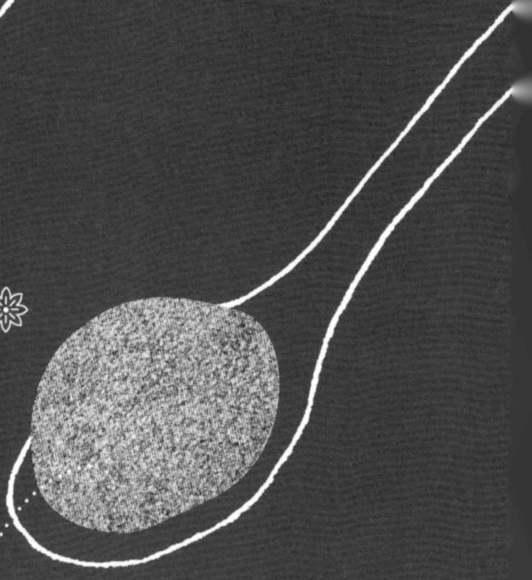

Chili Pepper

[チリペッパー]

料理の辛さを決める赤唐辛子の粉末。じんわりした辛みが特徴で、甘みも持つ。脂肪代謝促進、ダイエットに効果的。

Black Pepper

[ブラックペッパー]

ピリリとした辛みを持つ。便秘改善に効果的。辛みスパイスは、お好みで足してもOK。

レシピの見方

❶ 味

スパイス初心者でもイメージがしやすいよう
味のテイストを参考までに記しています。

❷ 保存期間

冷蔵した場合/冷凍した場合の保存期間は
各家庭の冷蔵庫の開閉頻度や
保存環境によるので、あくまでも目安です。

❸ 材料

効率よく作る手順を伝えるため、
それぞれの材料表記の欄に
（材料の切り方）を記しています。
計量単位は、小さじ1=5ml、
大さじ1=15mlです。
分量「○人分」は目安になります。

❹ 作り方

ガスコンロの火加減やオーブンの温度、
電子レンジの加熱時間は目安になります。
機種によって差があるので調整を。

❺ 保存と解凍について

レシピに適している保存容器について
写真で解説。食べるときにおすすめの
解凍方法なども記しています。

❻ カリー子MEMO

カリー子からのちょっとしたアイディアや
作るときの注意などを記しています。

❼ 一菜のレシピ

肉・魚介・カレーレシピに合う、
一菜おかずの組み合わせ例です。

PART.1

(SPICE BENTO)

肉おかずの
スパイス弁当

鶏、豚、ひき肉などの手に入りやすい食材から
スパイスと相性抜群のラム肉まで、とっておきのお肉レシピが
勢ぞろい。1～2素材で作れる手軽さと
バリエーションを凝らした味つけで、毎日が楽しくなります。

MEAT 01: [*Spicy Chicken Thigh*]

鶏もも肉のスパイス和え弁当

ネパールでは「チキンチョイラ（＝辛いチキンの意）」という名の伝統的な家庭料理。
クミンで炒めたブロッコリーとの組み合わせも抜群です。

スパイシー

冷蔵 5日 / 冷凍 1カ月

鶏もも肉のスパイス和え

ごま油×スパイスで香りづけしたチキンは、毎日食べたい絶品おかず。
“味が物足りないな”と思ったときは塩で調整して。

材料（2人分）

鶏もも肉（一口大に切る）…… 250g
おろしにんにく…… 1かけ分
おろししょうが…… 1かけ分
ごま油…… 小さじ1
塩…… 小さじ½

スパイス
- クミンパウダー…… 小さじ2
- ターメリック…… 小さじ½
- チリペッパー…… 小さじ¼

作り方

1. フライパンに鶏肉と塩を入れ中火で6分ほど炒める。
2. 残りの材料をすべて加え、よく混ぜ合わせる。

1 焦げ目をつけるように!

2 ごま油は香りづけとして入れる。

保存と解凍について

- お弁当には、凍ったまま盛りつけて自然解凍可。
- おうちごはんのときは、電子レンジで解凍する。

フリーザーバッグで！

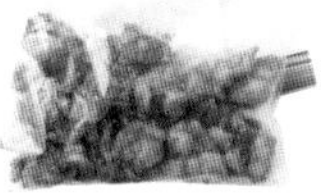

カリー子MEMO パクチーのみじん切りを②で一緒に入れてもおいしいです。
チューブのおろしにんにく、おろししょうがを使う場合は3cmほど。

MEAT 02 : [Tandoori Chicken]

タンドリーチキン弁当

ヨーグルトとスパイスで漬けるだけで、本格的なおいしさ！
オクラの副菜、ターメリックライスと合わせて、彩りきれいなお弁当が完成。

スパイシー

タンドリーチキン

冷蔵 5日 / 冷凍 1カ月

下味をつけて焼くだけ、の簡単さで
インド料理の人気メニューが楽しめます。

材料（2人分）

鶏もも肉（一口大に切る）…… 250g
ヨーグルト …… 50g
レモン汁 …… 小さじ1
塩 …… 小さじ½

スパイス
クミンパウダー …… 小さじ1
コリアンダー …… 小さじ1
ターメリック …… 小さじ½
チリペッパー …… 小さじ½
ブラックペッパー …… 小さじ⅛
シナモンパウダー（あれば）…… 小さじ⅛
カルダモンパウダー（あれば）…… 小さじ⅛

作り方

1. 保存用ポリ袋にすべての材料を入れ、混ぜ合わせる。
2. クッキングシートを敷いた天板に①の材料をのせ、250℃に予熱したオーブンで20分焼く。

※オーブン以外の調理器具でも作れます！
［フライパンで焼く場合］サラダ油をひいて中火で炒める(2分)。
⇨ふたをして弱火で蒸し焼き(7分)。⇨ ふたを開けて水気をとばす。
［魚焼きグリルで焼く場合］両面を10分ずつ焼く。

❶ そのまま密閉すれば、
冷蔵5日・冷凍1カ月で保存可能。
(解凍してから焼く)

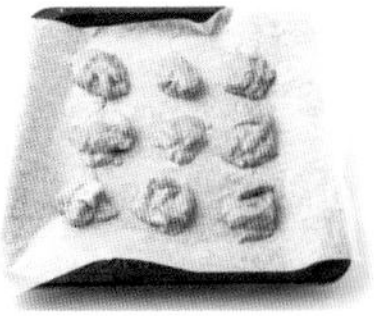

❷ 間隔をあけて並べる。

保存と解凍について

お弁当には、凍ったまま
盛りつけて自然解凍可。

おうちごはんのときは、
電子レンジで解凍する。

カリー子MEMO 他の料理も一緒のオーブンで同時に作れます！
→爽やかカルダモンチキン（P.28）、まるごとピーマンの肉詰め（P.40）

MEAT 03 : [*Steamed Chicken with Cumin Flavored Sauce*]

もっちり蒸し鶏のクミン香味だれ弁当

ジューシーな蒸し鶏に、クミンが香るたれが食欲をそそるアクセント。
酸味のある野菜のおかずを添えた、ひと味違う中華風弁当です。

中華風

もっちり蒸し鶏のクミン香味だれ

冷蔵 1週間
冷凍 1ヵ月

ヘルシーなのに味はしっかり、がお弁当向き。
火を使わず"レンチン"であっという間にでき上がり！

材料（2人分）

鶏もも肉……250g
酒……大さじ2
塩……小さじ½

クミン香味だれ
- 長ねぎ（みじん切り）……10cm
- しょうゆ……大さじ1
- ごま油……小さじ1
- クミンパウダー……小さじ1

作り方

1. 耐熱容器に入れた鶏もも肉に塩と酒をからめ、容器のふたをずらしてかぶせ、電子レンジ（800W）で２分30秒加熱する（600Wで3分）。
2. 加熱後、耐熱容器のふたをすぐ閉じ、電子レンジの庫内に15分ほど置き、余熱で内部まで火を通す。
3. クミン香味だれを混ぜ合わせ、切った肉にかける。

1 この状態でレンチン！

保存と解凍について

- ②のふたをした状態で保存する（開けたら２～３日で食べきる）。
- 冷凍した場合は、お弁当日の前夜に冷蔵庫に入れるor当日電子レンジで半解凍する。
- おうちごはんのときは、冷蔵庫で事前に自然解凍する。

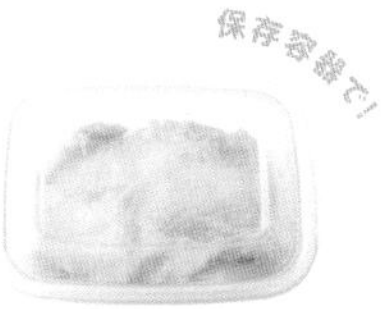

カリー子MEMO 余熱でじっくり火を通すことで、肉の水分が抜けずもっちりとした食感に。

MEAT 04 : [*Cardamon Chicken*]

爽やかカルダモンチキン弁当

スパイスの女王・カルダモンの清涼感のある香りが決め手。
ターメリックカラーに色づくナムルと、のっけ弁当にしてたっぷり味わって。

あっさり

冷蔵 5日 / 冷凍 1ヵ月

爽やかカルダモンチキン

あっさりした味わいなのに、食欲を刺激する一品。
他の料理と同時にオーブンで焼けるのもうれしい。

材料（2人分）

鶏むね肉（一口大に切る）	250g
ヨーグルト	50g
おろしにんにく	1かけ分
おろししょうが	1かけ分
砂糖	小さじ1
塩	小さじ½

スパイス

カルダモンパウダー	小さじ½
コリアンダー	小さじ½
クミンパウダー	小さじ¼
ブラックペッパー	小さじ¼

作り方

1. 保存用ポリ袋にすべての材料を入れ、混ぜ合わせる。
2. クッキングシートを敷いた天板に①の材料をのせ、250℃に予熱したオーブンで20分焼く。

※オーブン以外の調理器具でも作れます！
［フライパンで焼く場合］サラダ油をひいて中火で炒める（2分）。
⇨蓋をして弱火で蒸し焼き（7分）。⇨ふたを開けて水気をとばす。
［魚焼きグリルで焼く場合］両面を10分ずつ焼く。

1 そのまま密閉すれば、
冷蔵５日・冷凍１ヵ月で保存可能。
（解凍してから焼く）

2 間隔をあけて並べる。

保存と解凍について

- お弁当には、凍ったまま盛りつけて自然解凍可。
- おうちごはんのときは、電子レンジで解凍する。

フリーザーバッグで！

カリー子MEMO 他の料理も一緒のオーブンで同時に作れます！
→タンドリーチキン（P.24）、まるごとピーマンの肉詰め（P.40）

MEAT 05 : [*Fluffy Salad Chicken*]

ふわふわサラダチキン弁当

スパイス風味のしっとりしたチキンハムは、夏にぴったりのヘルシーさ。
コロコロした野菜のおかずとの食感も、バランスよく楽しめます。

中華風

冷蔵 1週間 / 冷凍 1カ月

ふわふわサラダチキン

余熱でじんわり熱を通すから、柔らかく仕上がります。
おうちごはんの前菜や、サンドイッチの具などにも活躍。

材料（2人分）

鶏むね肉 …… 250g
塩 …… 小さじ½
砂糖 …… 小さじ½

スパイス
- コリアンダー …… 小さじ½
- ブラックペッパー …… 小さじ⅛
- カルダモンパウダー …… 小さじ⅛

作り方

❶ すべての材料を耐熱容器に入れ、よく混ぜ合わせる。

❷ 容器のふたをずらしてかぶせ、電子レンジ（800W）で2分30秒加熱する（600Wで3分）。

❸ 加熱後、耐熱容器のふたをすぐ閉じ、電子レンジの庫内に15分置き、余熱で内部まで火を通す。

❶ 保存容器に材料投入でOK。

❸ この状態でレンチン！

保存と解凍について

- ③のふたをした状態で保存する（開けたら2～3日で食べきる）。
- 冷凍した場合は、お弁当日の前夜に冷蔵庫に入れるor当日電子レンジで半解凍する。
- おうちごはんのときは、冷蔵庫で事前に自然解凍する。

保存容器で！

カリー子MEMO 鶏むね肉1枚が大きい場合は、20～30秒長く加熱して！

MEAT 06：［ *Crispy Fried Shredded Pork* ］

カリカリ豚こま弁当

冷めてもちゃんとカリカリの豚こまは、下味の旨みでご飯止まらず…！
サイドに添えたカブの甘酸っぱさが、ちょうどいい箸休めに。

スパイシー

冷蔵 5日 / 冷凍 1ヵ月

カリカリ豚こま

ネーミングどおり"カリカリ"にするのが調理のコツ。
すぐ作るときは、ボウルで混ぜ合わせてもOK。

材料（2人分）

	豚こま切れ肉	250g
	ヨーグルト	50g
	塩	小さじ½
	片栗粉	適量
	サラダ油	適量
スパイス	ターメリック	小さじ½
スパイス	クミンパウダー	小さじ½
スパイス	コリアンダー	小さじ½
スパイス	チリペッパー	小さじ⅛
スパイス	ブラックペッパー	小さじ⅛

作り方

1. 保存用ポリ袋に、片栗粉とサラダ油以外の材料をすべて入れ、混ぜ合わせる。

2. 片栗粉を加えて、まんべんなく混ぜ合わせたら材料を取り出し、サラダ油を薄くひいたフライパンに入れ、中火で1～2分揚げ焼きにする。

1 そのまま密閉すれば、
冷蔵5日・冷凍1ヵ月で保存可能。
（解凍してから焼く）

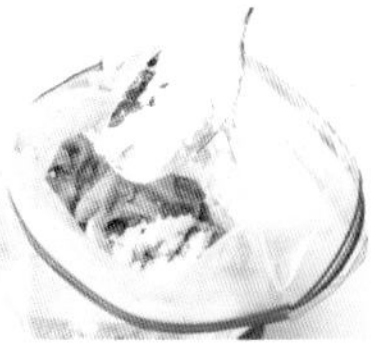

2 片栗粉も袋に入れる。

⇩

この色になったらOK！

保存と解凍について

❀ お弁当には、凍ったまま盛りつけて自然解凍可。

❀ おうちごはんのときは、トースターで解凍する。

フリーザーバッグで！

カリー子MEMO 片栗粉を入れてからあまり時間をおかずに揚げるとカリッとした仕上がりに。

MEAT 07：[*Pumpkin Meat Roll*]

ホクホクかぼちゃの肉巻き弁当

定番の肉巻きもシナモンのふわっと甘い香りで、絶品おかずに変身。
カリー子自慢のしそのクミンみそ巻きとのコンビで、“巻き巻き”お弁当が完成！

甘め

冷蔵 5日 / 冷凍 1週間

ホクホクかぼちゃの肉巻き

かぼちゃ以外の野菜でアレンジも。カリー子のおすすめはアスパラ！
その場合は、シナモンなしのクミン多めがマッチします。

材料（8個分）

豚薄切り肉（肩ロース、バラ肉など）……8枚（150g）
かぼちゃ……1/8個
砂糖……小さじ1/2
塩……小さじ1/2
サラダ油……適量
スパイス
- シナモンパウダー……小さじ1/4
- クミンパウダー……小さじ1/4
- ブラックペッパー……小さじ1/8

作り方

1. かぼちゃは電子レンジ（800W）で、1分30秒ほど加熱したら、軽く冷まして薄切りにし、豚薄切り肉で巻く。
2. 砂糖、塩、スパイスをよく混ぜ合わせてから、①にまぶす。
3. フライパンにサラダ油をひき、中火で両面2分ほど焼く。

1 肉の端から
くるくる巻いていく。

3 巻いた肉の端を
下側にして焼く。

保存と解凍について

- お弁当には、凍ったまま盛りつけて自然解凍可。
- おうちごはんのときは、電子レンジで解凍する。

フリーザーバッグで！

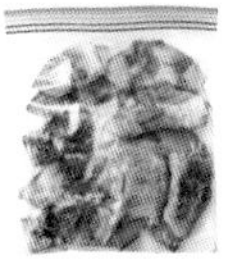

カリー子MEMO このスパイスの組み合わせは、牛肉のこま切れなどにまぶして炒めてもおいしいです。

シナモンビーフ弁当

シナモンの豊かな香りがやみつきになる、贅沢なビーフのおかず。
見た目もかわいい目玉焼きをお供にすれば、おなかも心も幸せになります。

洋風

シナモンビーフ

冷蔵5日 / 冷凍1週間

赤ワインとスパイスで漬け込むことで、
やさしいけれどリッチな仕上がりに。

材料（2人分）

牛肩ロース肉（一口大に切る）	250g
赤ワイン	大さじ2
砂糖	小さじ1
塩	小さじ½
サラダ油	適量
スパイス：シナモンパウダー	小さじ½
スパイス：ブラックペッパー	小さじ⅛

作り方

1. 保存用ポリ袋にサラダ油以外のすべての材料を入れ、混ぜ合わせる。
2. フライパンにサラダ油をひき、①の材料を中火で2分ほど炒め、ふたをして弱火で5分蒸し焼きにする。
3. ふたを開けて水気をとばす。

1 そのまま密閉すれば、冷蔵5日・冷凍1ヵ月で保存可能。（解凍させてから焼く）

3 最後に焼き目をつける。

保存と解凍について

- お弁当には、凍ったまま盛りつけて自然解凍可。
- おうちごはんのときは、電子レンジで解凍する。

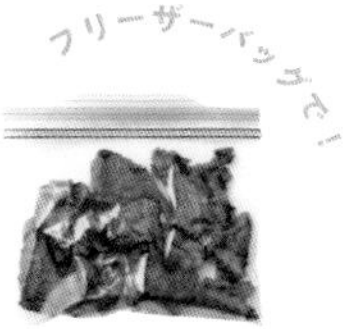

MEAT 09： [*Cumin Flavored Fried Ground Pork and Shiitake mushrooms*]

しいたけクミンそぼろ弁当

みんな大好き２色丼がアップデート！
しいたけとスパイスの風味が相まって、かきこみたくなるおいしさに。

和風

しいたけクミンそぼろ

冷蔵 5日 / 冷凍 1週間

しょうゆとも相性がいいクミンが、和風おかずのアクセントに。
白飯やサラダのトッピングになるので、多めに作って常備したい。

材料（2人分）

- 豚ひき肉……200g
- しいたけ（みじん切り）……6枚
- 長ねぎ（みじん切り）……10cm
- しょうが（みじん切り）……1かけ
- しょうゆ……大さじ2
- 砂糖……大さじ1
- 酒……大さじ1
- サラダ油……適量

スパイス
- クミンパウダー……小さじ1
- チリペッパー……小さじ¼
- ブラックペッパー……小さじ⅛

作り方

1. フライパンにサラダ油をひき、長ねぎとしょうがを中火で1分ほど炒める。
2. しいたけ、豚ひき肉を加えて、肉の色が変わるまで中火で2分ほど炒める。
3. 残りの材料すべてを加えて混ぜ合わせる。

3 材料は同じくらいの大きさにカット。

保存と解凍について

- お弁当には、凍ったまま盛りつけて自然解凍可。
- おうちごはんのときは、電子レンジで解凍する。

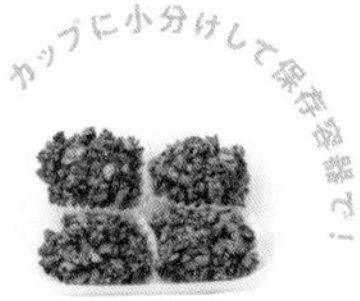

MEAT 10：［ *Meat Stuffed Green Pepper* ］

まるごとピーマンの肉詰め弁当

ピーマンのほろ苦さに、ほんのりスパイシーな肉だねが相性抜群。
野菜多めのお弁当でも、食いしん坊も満足のボリュームです。

スパイシー

冷蔵5日 / 冷凍1週間

まるごとピーマンの肉詰め

気分がぐっと上がる"まるごと"のビジュアル。ヘタ取りもワンプッシュ！
肉だねだけを焼いてもおいしいレシピです。

材料（5～6個分）

- 合いびき肉……200g
- ピーマン……5～6個
- おろしにんにく……1かけ分
- おろししょうが……1かけ分
- 玉ねぎ（みじん切り）……¼個
- パクチー（みじん切り）…1株（お好みで）
- トマトケチャップ……大さじ1
- 食塩……小さじ½

スパイス
- ターメリック……小さじ½
- クミンパウダー……小さじ½
- チリペッパー……小さじ¼
- ブラックペッパー……小さじ⅛

作り方

1. ピーマン以外の材料をボウルに入れ、よくこねる。
2. ピーマンは親指でヘタの部分を押して種を取り、①を均等に詰める。
3. 250℃に予熱したオーブンで②を20分焼く。

※オーブン以外の調理器具でも作れます！
［フライパンで焼く場合］サラダ油をひいて弱火でふたをして15分ほど蒸し焼きにする（5分に1回くらいひっくり返す）。
⇨水気をとばして焦げ目をつける。

1 材料はすべて一緒でOK。

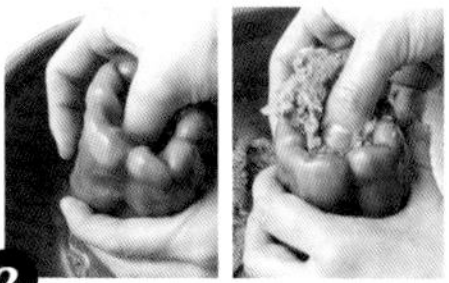

2 ヘタを取った部分から①を詰める。

保存と解凍について

- お弁当には、凍ったまま盛りつけて自然解凍可。
- おうちごはんのときは、電子レンジで解凍する。

カリー子MEMO 他の料理も一緒のオーブンで同時に作れます！
→タンドリーチキン（P.24）、爽やかカルダモンチキン（P.28）

MEAT 11 : [*Fluffy Chicken Dumplings mixed with Garland Chrysanthemum*]

春菊のふんわり鶏団子弁当

独特な香りが魅力の春菊に合う旨みとこくの正体は、クリームチーズ。
なすたまごとの組み合わせで、大人好みの一肉一菜弁当のでき上がり。

スパイシー

冷蔵 5日 / 冷凍 1カ月

春菊のふんわり鶏団子

クリームチーズは混ぜ過ぎないで、こっくりしたアクセントに。
ほうれん草に替えれば、お子さま向けの鶏団子になります。

材料（6個分）

鶏ひき肉……200g
春菊（みじん切り）……½束（100g）
クリームチーズ（角切り）……40g
卵……1個
塩……小さじ½
サラダ油……適量

スパイス
クミンパウダー……小さじ½
コリアンダー……小さじ½
ターメリック……小さじ½
ブラックペッパー……小さじ⅛

作り方

1. クリームチーズとサラダ油以外の材料をボウルに入れ、混ぜ合わせる。
2. クリームチーズを①に加えて軽く混ぜる。
3. フライパンにサラダ油をひき、6等分して、たわら型にした②を弱火で5分ずつ両面焼く。

2 クリームチーズは混ぜすぎると溶けてしまうので注意を。

3 たわら型でも丸型でもOK。

保存と解凍について

- お弁当には、凍ったまま盛りつけて自然解凍可。
- おうちごはんのときは、電子レンジで解凍する。

フリーザーバッグで!

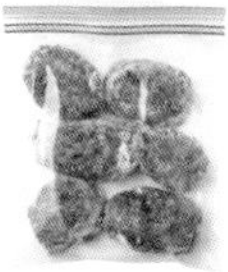

カリー子MEMO 菜の花やほうれん草でも！　ゆでたものや冷凍品を使う場合は、水気をよく絞って使いましょう（分量は60gほどでOK）。

MEAT 12：［ *Hachis Parmentier* ］

アッシェ・パルマンティエ弁当

ミートソース、マッシュドポテト、チーズを重ねて焼いたフランスの家庭料理。
子どもから大人までみんな大好きな味を、スパイスの魔法で特別アレンジ。

洋風

アッシェ・パルマンティエ

冷蔵 5日
冷凍 1週間

オーブンで加熱する前に熱を入れているので、生焼けの心配いらずです。

材料（カップ6個分）

【マッシュドポテト】
- じゃがいも（2mm幅の薄切り）……1個（150g）
- 牛乳……50ml
- バター……10g
- 塩……小さじ¼
- ピザ用チーズ……50g

スパイス
- クミンシード……ひとつまみ

【ミートソース】
- 合いびき肉……200g
- 玉ねぎ（みじん切り）……½個
- おろしにんにく……1かけ分
- トマトケチャップ……大さじ3
- 赤ワイン……大さじ3
- ソース……大さじ1
- 塩……小さじ¼
- サラダ油……適量

スパイス
- シナモンパウダー……小さじ¼
- ブラックペッパー……小さじ⅛

作り方

マッシュドポテトを作る

1. じゃがいもは耐熱容器に入れてラップをかけ、電子レンジ（800W）で3分加熱する。
2. ①にバター、牛乳、塩を加えマッシャーでつぶしクリーム状にする。

ミートソースを作る

3. フライパンにサラダ油をひいて玉ねぎ、にんにくを炒め合わせる。
4. 玉ねぎが透明になったら残りの材料を加え、中火で2分ほど炒め合わせる。

焼く

5. マフィン型用耐熱カップに6等分にした④、②の順に重ねて、さらにピザ用チーズとクミンシードをのせる。210℃に予熱したオーブンで、15分ほど焼く。

2 マッシャーでなく手動でもOK。

5 アルミ型やココット皿を使いトースターやグリルで焼いても。

保存と解凍について

- お弁当には、凍ったまま盛りつけて自然解凍可。電子レンジで温め直せばさらにおいしく！
- おうちごはんのときは、電子レンジで解凍する。

カリー子MEMO　じゃがいもの品種をメークインにすると、マッシュドポテトがよりクリームのようになっておいしいのでおすすめ！

MEAT 13 : [*Braised Chicken with Olives*]

チキンのオリーブ煮弁当

オリーブの塩気と酸味がしみ込んだチキンをご飯にかけて食べると絶品！
食欲の落ちる夏にもさっぱりたまらない。パンにも合い、煮汁につけて食べるのもおすすめです。

あっさり

チキンのオリーブ煮

冷蔵 5日 / 冷凍 1ヵ月

あっさりした果実味×ふくよかな香りが、お酒のおつまみにもぴったり。
火をかけて具を少し炒めたら、ほとんどほったらかしでOK。

材料（2人分）

- 鶏もも肉（一口大に切る）……250g
- オリーブ……15個
- 玉ねぎ（薄切り）……1/4個
- にんにく（みじん切り）……1かけ
- しょうが（みじん切り）……1かけ
- レモン汁……大さじ1
- オリーブオイル……大さじ1
- 塩……小さじ1/2
- 水……100 ml

スパイス
- クミンパウダー……小さじ1/2
- コリアンダー……小さじ1/2
- ターメリック……小さじ1/4
- ブラックペッパー……小さじ1/4

作り方

1. フライパンにオリーブオイルをひいて、にんにく、しょうがを30秒ほど炒め、香りを立てる。
2. 鶏もも肉、玉ねぎ、塩を加えて中火で2分ほど炒める。
3. 玉ねぎがしんなりしてきたら、スパイスを加えて1分ほど弱火で炒める。
4. オリーブ、レモン汁、水を加え、ふたをして弱火で15分ほど煮る。

3 玉ねぎがしんなりしたらスパイス投入のタイミング。

4

保存と解凍について

- お弁当には、前夜に冷蔵庫に入れるor当日電子レンジで半解凍する。
- おうちごはんのときは、電子レンジで解凍する。

保存容器で！

カリー子MEMO 昼食時に電子レンジが使える場合は、衛生的にも汁漏れ防止にも凍ったまま持っていくと◎。

➡P.98

MEAT 14 : [*Braised Beef with Raisins*]

牛肉のレーズン煮弁当

甘い香りのシナモンと程よい食感のレーズンが絡み合うビーフは、たまらないごちそう感。
ズッキーニのナムルを箸休めに添えた、おしゃれなお弁当です。

甘い

冷蔵 5日
冷凍 1カ月

牛肉のレーズン煮

甘みと酸味のバランスがいい、スパイス風味の煮込みレシピ。
甘いドライフルーツ×肉×スパイスは黄金の組み合わせ！

材料（2人分）

牛肩ロースかたまり肉（2cm角に切る）……250g
レーズン……30粒
玉ねぎ（薄切り）……1/4個
おろししょうが……1かけ分
塩……小さじ1/2
水……150ml

サラダ油……適量

スパイス
- ターメリック……小さじ1/4
- シナモンパウダー……小さじ1/4
- ブラックペッパー……小さじ1/8

作り方

1. フライパンにサラダ油をひいて、牛肉、玉ねぎ、しょうが、塩を入れ、中火で2分ほど炒める。
2. 玉ねぎがしんなりしてきたら、スパイスを加えて1分ほど弱火で炒める。
3. レーズン、水を加えたら、ふたをして弱火で25分ほど煮る。最後にふたを取り、中火で軽く水気をとばす。

2 玉ねぎがしんなりしたらスパイス投入のタイミング。

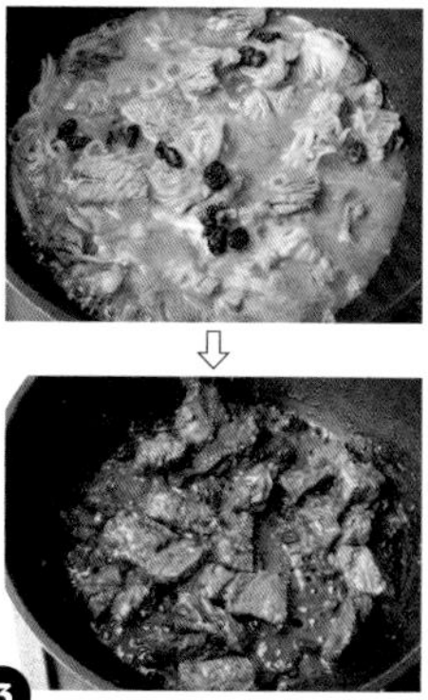

3 レーズンが柔らかくなるまで煮込む。

保存と解凍について

- お弁当には、前夜に冷蔵庫に入れるor当日電子レンジで半解凍する。
- おうちごはんのときは、電子レンジで解凍する。

カリー子MEMO　味がしみ込むドライフルーツ系の煮込みは、日に日によりおいしくなります。

MEAT 15 : [*Braised Lamb with Figs*]

ラム肉の いちじく煮弁当

甘みが凝縮したいちじくと食す、ラム独特の味わいは
格別です。ひよこ豆の副菜合わせで
食感と味のバランスのいいお弁当に。

保存と解凍について

- お弁当には、 前夜に冷蔵庫に入れるor当日電子レンジで半解凍する。
- おうちごはんのときは、電子レンジで解凍する。

冷蔵 5日 / 冷凍 1ヵ月

甘い

ラム肉のいちじく煮

ポイントは、柔らかくなるまで煮込むだけ。
ワインのお供にもおすすめの味です。

材料（2人分）

ラム肩ロース肉（一口大に切る）‥ 250g
ドライいちじく（半分に切る）‥‥‥ 4個
玉ねぎ（薄切り）‥‥‥‥‥‥‥‥ ¼個
塩‥‥‥‥‥‥‥‥‥‥‥‥‥‥‥ 小さじ½
水‥‥‥‥‥‥‥‥‥‥‥‥‥‥‥ 50ml

スパイス
クミンパウダー‥‥‥‥‥‥‥ 小さじ¼
ターメリック‥‥‥‥‥‥‥‥ 小さじ¼
シナモンパウダー‥‥‥‥‥‥ 小さじ¼

作り方

1. フライパンにラム肩ロース肉、玉ねぎ、塩を入れ、中火で2分ほど炒める。
2. 玉ねぎがしんなりしてきたらスパイスを加え、1分ほど弱火で炒める。
3. ドライいちじく、水を加え、ふたをして弱火で25分ほど煮る。最後にふたを取り、中火で軽く水気をとばす。

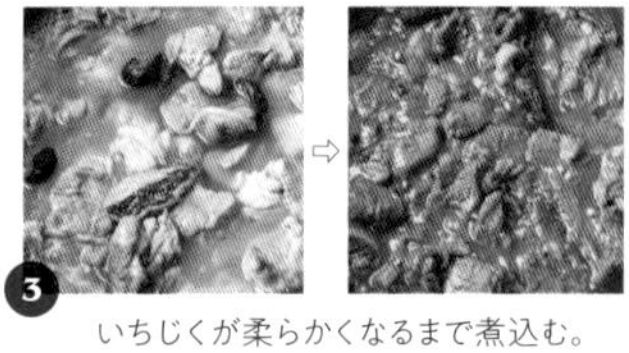

3 いちじくが柔らかくなるまで煮込む。

カリー子MEMO 煮込んだドライいちじくが、柔らかくなっていない場合は
③でふたをしたまま余熱で20分ほど放置しておきましょう。

冷蔵 1週間 / 冷凍 1カ月

スパイシー

ハード・ラム

堅くなるまで炒めたラムの食感と
スパイシーなテイストでやみつき！

材料（2人分）

ラム肉（薄切り）	250g
おろしにんにく	1かけ分
おろししょうが	1かけ分
レモン汁	大さじ1
ごま油	大さじ1
砂糖	小さじ1
塩	小さじ½
スパイス：クミンパウダー	小さじ1
スパイス：コリアンダー	小さじ½
スパイス：ターメリック	小さじ½
スパイス：チリペッパー	小さじ½

作り方

1. ラム肉に塩をまぶし、フライパンで中火で10分ほど水分をとばすようにして炒める。
2. 肉に焦げ目がついて堅くなったら、残りの材料をすべて加え、よくかき混ぜたら火を止める。

1 表面が焦げるまでは中火で、焦げ始めてきたら弱火にする。

MEAT 16：[*Hard Lamb*]

ハード・ラム弁当

ネパールの干し肉料理“スクティ”がベース。
ジャーキーのような噛みごたえのある堅さまで
炒めるのがコツ。ごま油を仕上げに加えて香りづけを。

保存と解凍について

- お弁当には、凍ったまま盛りつけて自然解凍可。
- おうちごはんのときは、電子レンジで解凍する。

カリー子MEMO もともとは干し肉で作るネパール料理。しっかり水分をとばすことで保存性が高まります。

HOME PARTY!!

作りおきおかずの楽しみ方①

週末ホームパーティ

WEEKEND HOME PARTY

MENU

1 マフィン4種……P.116~123

2 エッグココット……P.107

3 チーズマサラオムレツ……P.106

4 スリランカン・カトレット……P.70

5 まるごとピーマンの肉詰め……P.40

6 ブロッコリーのクミン炒め……P.92

7 カリフラワーのパコラ……P.97

スパイスおかずを数種類盛りつけたら、エスニックな香り漂うごちそうテーブルに変身！　スパイスの深い味わいや意外性で、食いしん坊仲間たちとの会話も弾み、パーティの温度感もぐんとアップします。

お弁当箱あれこれ

素材によって異なる特性を知っておくと、自分に合った理想のお弁当箱に出会えるはず。

実用性 温めて食べたい実用性重視派　おしゃれ 見た目も大事なおしゃれ志向
衛生的 色・匂い移りなしで安心第一

1 おしゃれ
[ほうろう]
保存容器にも適しているほうろう製は、油汚れが落としやすく、衛生面も安心。
※電子レンジ不可。

2 衛生的
[アルミ]
軽くて丈夫、菌が繁殖しにくいのが特長のアルミ製。レトロな雰囲気でかわいい。
※電子レンジ不可。

3 実用性
[プラスチック]
電子レンジや食洗機が使えるものも多いプラスチック製。軽くて安いのも◎。

4 おしゃれ
[曲げわっぱ]
湿度調整できる木製は見た目もおしゃれ。スパイスの色移りや手入れには注意が必要。
※電子レンジ不可。

5 おしゃれ
[竹かご]
自然素材のお弁当箱は、湿度調整できるのでご飯がおいしく保てるのがポイント。
※電子レンジ不可。

6 実用性
[ガラス]
耐熱ガラスなら電子レンジでの温めも可能(ふたは竹製)。やや重量感あるのが難点。

7 衛生的
[ステンレス]
カリー子も愛用しているステンレス製。色や匂いが移りにくく密閉性も◎。インドでも主流。
※電子レンジ不可。

PART.2

(SPICE BENTO)

魚介おかずの スパイス弁当

インドやスリランカなどのスパイス大国では
魚介を使った料理が豊富。現地のエッセンスを感じるレシピや
日本の家庭料理をアレンジしたものなど
どれも思わずニンマリしてしまうおいしさ！

SEAFOOD 01：［ *Butter Sauted Salmon* ］

鮭のバターソテー弁当

定番の鮭ソテーにスパイスを加えるだけという簡単さで、おいしさ倍増。
いつ食べても飽きない、鉄板の一肉一菜コンビ。

スパイシー

鮭のバターソテー

冷蔵 5日 / 冷凍 1ヵ月

単なるカレー風味ともまた違うスパイシーさは、
魚の臭み消しにも効果的です。

材料（2人分）

- 鮭（銀鮭、サーモンなど）………… 2切れ
- バター ………………………………… 10g
- 塩（塩鮭の場合はなし）………… 小さじ½
- スパイス
  - クミンパウダー ………………… 小さじ½
  - コリアンダー …………………… 小さじ½
  - ターメリック …………………… 小さじ½
  - ブラックペッパー ……………… 小さじ⅛

作り方

1. スパイスと塩を混ぜ、2～3等分に切った鮭にまぶす。
2. フライパンにバターを入れ、弱火で①を片面5分ずつ焼く。

①

② 身が崩れやすいので、ひっくり返すのは1回だけに。

保存と解凍について

- お弁当には、凍ったまま盛りつけて自然解凍可。
- おうちごはんのときは、電子レンジで解凍する。

カリー子MEMO 塩鮭の場合は、塩はふりません。

SEAFOOD 02：［ *Grilled Salmon With Herbs* ］

鮭の香草焼き弁当

クミンシードをひとつまみ入れたパン粉のサクサク食感がたまらない！
しっとりしたキャベツのアンブーレとの取り合わせで、ライスがすすみます。

洋風

冷蔵5日 / 冷凍1カ月

鮭の香草焼き

にんにくで味をしっかりつけたパン粉のコーティングで
時間がたってもおいしさそのまま。

材料（2人分）

鮭（銀鮭、サーモンなど）………… 2切れ
塩（塩鮭の場合はなし）………… 小さじ½

クミンパン粉
- おろしにんにく………………… 1かけ分
- パン粉……………………………… 大さじ4
- 粉チーズ…………………………… 大さじ2
- オリーブオイル………………… 大さじ1
- クミンシード…………………… 小さじ½

作り方

1. 塩を手にとり、2～3等分に切った鮭にすり込む。
2. クミンパン粉の材料をよく混ぜ合わせ、①にのせて220℃に予熱したオーブンで20分焼く。

⇩

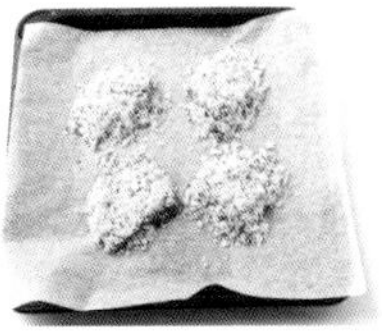

2 オーブントースターで焼いてもOK！

保存と解凍について

- お弁当には、凍ったまま盛りつけて自然解凍可。
- おうちごはんのときは、凍ったままトースターで解凍する。

SEAFOOD 03 : [*Lemon Sauted Cod*]

たらのレモンソテー弁当

リラックス効果のあるカルダモンと、レモンの香りで
集中したい日にもおすすめのランチ。枝豆の変わり漬けで彩りをプラス。

さっぱり

冷蔵5日 / 冷凍1カ月

たらのレモンソテー

カルダモンなどのスパイスで、おしゃれな味に変身！
焼くときは、魚の身が崩れやすいので返しすぎないように。

材料（2人分）

真だら（生だら、塩だらなど）	2切れ
小麦粉	大さじ1
レモン汁	大さじ1
オリーブオイル	大さじ1
塩（塩だらの場合はなし）	小さじ½

スパイス

コリアンダー	小さじ½
カルダモンパウダー	小さじ⅛
ブラックペッパー	小さじ⅛

作り方

1. 塩を手にとり、2～3等分に切った真だらにすり込む。
2. 混ぜ合わせたスパイス、小麦粉の順に①にまぶす。
3. フライパンにオリーブオイルをひき、②を弱火で片面5分ずつ焼き、最後にレモン汁を回しかける。

2

3

身が崩れやすいので
ひっくり返すのは1回だけに。

保存と解凍について

- お弁当には、凍ったまま盛りつけて自然解凍可。
- おうちごはんのときは、電子レンジで解凍する。

カリー子MEMO オリーブオイルの香りもスパイスの1つと捉えて。爽やかなコリアンダーの香りと相性抜群。

➡P.102
カリフラワーのアチャール

スパイスフィッシュ

SEAFOOD 04 : [*Spicy Fish*]

スパイスフィッシュ弁当

スパイスとヨーグルトで漬け込む、いわゆるタンドリーチキンの魚バージョンは大好きな1品。
カリフラワーのアチャールでボリュームアップを。

スパイシー

冷蔵5日
冷凍1ヵ月

スパイスフィッシュ

とろみのあるマリネ液に漬け込むことで、
臭みも出にくくパサつき防止になります。

材料（2人分）

- 塩さば……………………… 2枚
- ヨーグルト(無糖) ……………50g
- おろしにんにく…………… 1かけ分
- おろししょうが…………… 1かけ分
- レモン汁………………… 小さじ1

スパイス
- クミンパウダー ……… 小さじ½
- コリアンダー ………… 小さじ½
- ターメリック ………… 小さじ¼
- チリペッパー ……… 小さじ¼

作り方

1. 2～3等分に切った塩さばと、その他の材料をすべて保存用ポリ袋に入れ、もみ合わせる。
2. ①から材料を取り出し、魚焼きグリルで15分ほど焼く。

※フライパンにサラダ油をひいて、片面5分ずつ弱火で焼いてもよい。

❶ すぐ調理できない場合も
漬け込んでおくと、魚が
いたみにくく、臭くなりにくい。
この状態で冷蔵3日
冷凍1ヵ月OK。

保存と解凍について

- お弁当には、凍ったまま盛りつけて自然解凍可。
- おうちごはんのときは、電子レンジで解凍する。

カリー子MEMO ぶりやかじきまぐろなどでもおいしいです。生魚を使う場合は塩を少量加えて漬け込みます。

SEAFOOD 05：［ *Spicy Fried Whole Small Horse Mackerel* ］

まるごと小あじのスパイスフライ弁当

高たんぱく質&カルシウムも豊富な小あじのフライは、変わらぬ香ばしさが魅力。
ご飯に合うかぶの葉みそを添えたら、箸が止まらなくなります。

スパイシー

冷蔵 5日 / 冷凍 1カ月

まるごと小あじのスパイスフライ

まるごと調理することで、切り身よりもパサつきにくく
汁気が出ないから、お弁当ではご飯の上にドンとのせて。

材料（3～4人分）

- 小あじ…………10匹くらい(300g)
- おろしにんにく…………1かけ分
- おろししょうが…………1かけ分
- レモン汁…………大さじ1
- 塩…………小さじ½
- 片栗粉…………適量
- 揚げ油…………適量

スパイス
- クミンパウダー…………小さじ½
- コリアンダー…………小さじ½
- ターメリック…………小さじ½
- チリペッパー…………小さじ½

作り方

1. 小あじはわたを取り、キッチンペーパーで水気を拭き、保存用ポリ袋に入れ、片栗粉と揚げ油以外の材料を加えてもみ合わせる。
2. ①から小あじを取り出して片栗粉をまぶし、低温（160℃）の揚げ油で6～8分ほど揚げる。
3. 最後に強火にして、高温（180℃）で1分ほど揚げる。

❶ すぐ調理できない場合も、漬け込んでおくと魚がいたみにくく、臭くなりにくい。この状態で冷蔵3日保存できる。

❷ 魚のサイズによるので、魚が油に浮いてくればOK。（サイズが大きい場合は、弱火で長めに加熱すると、骨まで食べられるように）

保存と解凍について

- お弁当には、凍ったまま盛りつけて自然解凍可。
- おうちごはんのときは、凍ったままトースターで解凍する。

カリー子MEMO 小さい魚の場合は②の時間を短くします。

SEAFOOD 06 : [*Steamed Clams and Cabbage*]

あさりとキャベツの蒸し煮弁当

あさりの旨みとスパイスの風味がしみたキャベツが
じんわりおいしい。ヘルシーなので揚げものを一緒に入れて満足感も。

スパイシー

あさりとキャベツの蒸し煮

材料をすべて一緒に入れる
だけでいい、その手軽さがうれしい！

冷蔵1週間 / 冷凍1ヵ月

材料（2人分）

- あさりのむき身……100g
- キャベツ……⅙個
- おろしにんにく……1かけ分
- おろししょうが……1かけ分
- オリーブオイル……大さじ1
- 塩……小さじ½
- スパイス
  - クミンパウダー……小さじ½
  - コリアンダー……小さじ½
  - ターメリック……小さじ½
  - ブラックペッパー……小さじ⅛

作り方

1. すべての材料をフライパンに入れ、よく混ぜ合わせる。
2. ふたをして弱火で10分加熱する。最後にふたを取り、軽く混ぜ合わせる。

保存と解凍について

- お弁当には、凍ったまま盛りつけて自然解凍可。
- おうちごはんのときは、電子レンジで解凍する。

保存容器で！

カリー子MEMO あさりの代わりに帆立貝、いかでもおいしいです。シーフードミックスなどの冷凍食品でもOK。

お弁当の詰め方のコツ

味が移ってもおいしいスパイスおかずは、基本的に仕切りいらず。
2品を見栄えよく仕上げるためのテクニックをマスターして。

1. ご飯を詰める

ご飯で土台を作ります。
全体に敷いて、おかず
をのっけてもOK。

2. 肉・魚介を入れる

おかずは大きい順に入れる
と収まりが◎。ご飯の上に
はみ出しても大丈夫。

3. 野菜をすき間に入れる

残りのスペースに、野菜
おかずを。すき間を埋め
るようにぎゅっと詰めて。

4. 完成！

お好みで
プチトマトを！

彩りが欲しいときは
プチトマトやレタスを
ちょこんと添えて。

SEAFOOD 07：［ *Braised Octopus and Cucumber with Tomato* ］

たこときゅうりの無水トマト煮弁当

素材が持っている水分や油だけで煮込むことで、旨みがぎゅっと凝縮。
スパイスで香りづけしたトマト煮は、彩りもきれいでお弁当向き。

たこときゅうりの無水トマト煮

じゃがいものすりごまナムル

➡P.99

あっさり

冷蔵 1週間 / 冷凍 1ヵ月

たことキゅうりの無水トマト煮

余分な水や油を入れないので素材の味が薄まらず、かつヘルシー。
お弁当用には、小分けにして保存するのがおすすめです。

材料（2人分）

たこ　（小さく切る）…… 150g
きゅうり（ざく切り）…… 2本
玉ねぎ（みじん切り）…… ¼個
にんにく（みじん切り）…… 1かけ
しょうが（みじん切り）…… 1かけ
トマト缶…… 200g
レモン汁…… 大さじ1
オリーブオイル…… 大さじ1
砂糖…… 小さじ1
塩…… 小さじ1

スパイス
クミンパウダー…… 小さじ1
コリアンダー…… 小さじ1
ターメリック…… 小さじ¼
チリペッパー…… 小さじ¼

作り方

1. フライパンにオリーブオイルを入れて、にんにく、しょうが、玉ねぎを加え、あめ色になるまで炒める。
2. トマト缶を加えて、実がつぶれてペースト状になるまで2～3分ほど中火で炒める。
3. 弱火にしてスパイスと塩を加え、1分ほど混ぜ合わせる。
4. たこ、きゅうり、砂糖、レモン汁を加え、ふたをして弱火で10分ほど煮込む。

2 焦げそうなときは火力を弱める。

4 煮込むときに火が強いと焦げるので注意。

保存と解凍について

- お弁当には、前夜に冷蔵庫に入れるor当日電子レンジで半解凍する。
- おうちごはんのときは、電子レンジで解凍する。

SEAFOOD 08 : [*Sri Lankan Cutlet*]

スリランカン・カトレット弁当

島国スリランカの名物料理“カトレット”は、コロッケのような魚の揚げもののこと。
スパイシーな味つけで、冷めても変わらぬおいしさです。

スパイシー

冷蔵 5日 / 冷凍 1カ月

スリランカン・カトレット

さば缶を使うことで、プロセスもぐっと簡単に。
具材はそのままでも食べられるので、加熱は揚げ色がつけばOK。

材料（8個分）

- さばの水煮缶……1缶（190g）
- じゃがいも（8mmの角切り）……1個（150g）
- 玉ねぎ（みじん切り）……¼個
- A
  - おろしにんにく……1かけ分
  - おろししょうが……1かけ分
  - トマトケチャップ……大さじ2
  - 塩……小さじ¼
- 揚げ油……適量
- 衣
  - とき卵……1個分
  - 小麦粉・パン粉……各適量
- スパイス
  - クミンパウダー……小さじ1
  - コリアンダー……小さじ1
  - ターメリック……小さじ½
  - チリペッパー……小さじ¼
  - ブラックペッパー……小さじ¼

作り方

1. じゃがいもと玉ねぎは耐熱容器に入れ、ラップをして電子レンジ（800W）で3分加熱する。
2. 汁気をきったさばの水煮、A、スパイスを①に加え、じゃがいもとさばの身をほぐすようにしてよく混ぜ合わせる。
3. 8等分した②を丸めて、小麦粉、とき卵、パン粉の順につけて、高温（180℃）の揚げ油で表面が茶色になるまで揚げる。

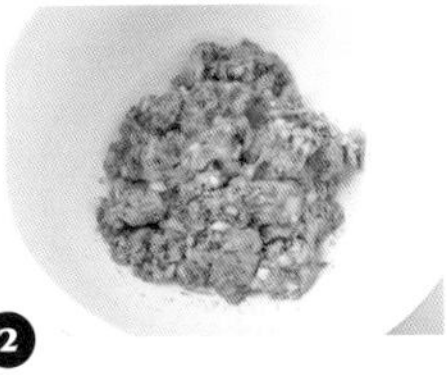

2

3
具はレンチンしているので
火が通っていない心配なし!

保存と解凍について

- お弁当には、凍ったまま盛りつけて自然解凍可。
- おうちごはんのときは、凍ったままトースターで解凍する。

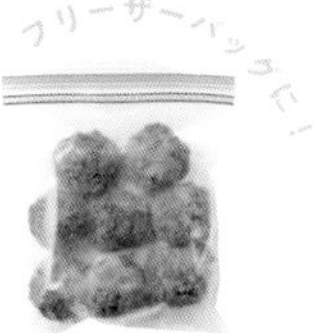

カリー子MEMO
ケチャップやチリソースをつけて食べるとおいしいです。
さばの水煮缶はメーカーによって塩分が異なるので、塩加減はお好みで調整を!

SEAFOOD 09 : [*Tuna and Cheese Samosa*]

ツナチサモサ弁当

皮で包んで揚げる“サモサ”は、インドでは定番のストリートフード。
香りづけしたツナとじゃがいもに、チーズを加えて、満足度の高い一品に。

スパイシー

冷蔵 5日 / 冷凍 1カ月

ツナチサモサ

ツナ缶や春巻きの皮を使って、おうちでも簡単にできるのが◎。
おつまみや持ち寄りパーティにも最高のおかずです。

材料（2人分）

- ツナ缶 …………… 1缶（70～80g）
- じゃがいも（2mm幅の薄切り） …………………… 1個（150g）
- 玉ねぎ（みじん切り） ………… ½個
- 春巻きの皮 ………………… 6枚
- スライスチーズ ……………… 2枚
- 塩 ……………………… 小さじ½
- サラダ油 …………………… 適量
- スパイス
  - クミンパウダー ………… 小さじ1
  - コリアンダー …………… 小さじ1
  - ターメリック …………… 小さじ½
  - チリペッパー …………… 小さじ¼
  - ブラックペッパー ……… 小さじ⅛

作り方

1

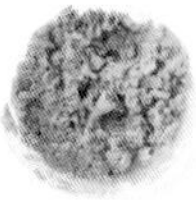
2

1. じゃがいもと玉ねぎは耐熱容器に入れ、ラップをして電子レンジ（800W）で3分加熱する。❶
2. 汁気をきったツナ、スパイス、塩を①に加え、じゃがいもをつぶすように混ぜ合わせる。
3. 6等分にした②と、1枚を3等分にしたスライスチーズを、春巻きの皮で包む。
4. フライパンにサラダ油を薄くひいて熱し、ひっくり返しながら両面がきつね色になるまで揚げ焼きにする。

3
巻き終わりに
水を少しつけてとめる。

4
皮の巻き終わりが下面に
くるように入れると、
巻きがほどけにくい。

保存と解凍について

- お弁当には、凍ったまま盛りつけて自然解凍可。
- おうちごはんのときは、凍ったままトースターで解凍する。

※③を1つずつラップに包んでフリーザーバッグに入れて冷凍保存も可能。
（揚げるときは、油はね防止のため冷凍したまま揚げる）

カリー子MEMO ツナ缶はメーカーによって塩分が異なるので、塩加減はお好みで調整を！

MEAL

PLATE

作りおきおかずの楽しみ方 ❷

おうちでミールスプレート

MEAL PLATE AT HOME

MENU

1 キーママタール……P.78
2 ココナッツシュリンプ……P.80
3 ドライチキンカレー……P.82
4 オクラのポリヤル……P.94
5 キャベツのアチャール……P.102
6 大根のすりごまナムル……P.99
7 ほうれん草のクミン炒め……P.92
8 にんじんと大根のクミンなます……P.98

いつでも思い立ったときに食べられる、作りおきおかずを盛りつければ、インド料理店のようなミールスプレートができ上がり。少しずつ混ぜ合わせれば、どんどん味変して、最後までワクワクしながら食べられます。

おうちごはんの温め直しポイント

作りおきおかずを晩ごはんのおかずにするときは、
適した温め直し方をすれば、作りたてのようなおいしさに！

➡ 汁気のあるものは レンチンで

汁気のあるおかずは、保存容器のままふたを軽く開けて、**電子レンジ**で温めればOK。おかずをレンチンする際は、加熱ムラができないように適量を。

➡ 揚げものは トースターで温める

カリッとさせたい**揚げもの**は**オーブントースター**での温め直しがおすすめ。

➡ 冷凍した マリネおかずは 冷蔵庫で自然解凍

調理途中の**マリネの状態**で**冷凍したもの**（タンドリーチキンやカリカリ豚こまなど）はまず冷蔵庫で**自然解凍**させてから調理するのがベスト。

➡ 冷凍した揚げものは 凍ったまま揚げる

揚げる手前で冷凍したもの（春巻きなど）は、**凍ったまま揚げる**のが◎。解凍による水分が出ないので油はねをする危険が減ります。

Ding!

PART.3

(SPICE BENTO)

ドライカレーのスパイス弁当

スパイス好きなら、どうしても食べたいカレーのお弁当。
持っていきやすいドライタイプのレシピを厳選。
冷めると熟成されてますます味わい深く
体調を整えてくれて、腹持ちもいい…といいとこだらけ！

DRY CURRY 01：［ *Keema Matar Curry* ］

キーママタール弁当

“キーマ”はひき肉、“マタール”はグリーンピースの意味。
スパイスの芳香漂う、本格的なドライキーマをぜひお弁当でも堪能して。

スパイシー

冷蔵 5日 / 冷凍 1カ月

キーママタール

玉ねぎをしっかり炒めることが、おいしさへの分かれ道。
ホールスパイスとのダブル使いで、より奥深くリッチに変化。

材料（4人分）

合いびき肉	300g
グリーンピース	50g
玉ねぎ（みじん切り）	1個
トマト（ざく切り）	½個
にんにく（みじん切り）	1かけ
しょうが（みじん切り）	1かけ
レモン汁	大さじ1
サラダ油	大さじ1
塩	小さじ1

スパイス

クミンパウダー	小さじ2
コリアンダー	小さじ2
ターメリック	小さじ½
チリペッパー	小さじ½
ブラックペッパー	小さじ¼

ホールスパイス（パウダーでも可）

カルダモン	5粒
シナモン	5cm

作り方

1. フライパンにサラダ油を入れ、ホールスパイスを弱火で熱する。（パウダーの場合は、各小さじ¼を④で加える）
2. カルダモンが膨らんだら、にんにく、しょうが、玉ねぎを加え、焦げ茶色になるまで中～強火で10分ほど炒める。
3. トマトを加えてつぶしながらペースト状にする。
4. 弱火にしてスパイス、塩を加えて、炒め合わせる。
5. 合いびき肉とグリーンピースを加えて3分ほど炒めたら、レモン汁を加え、塩（分量外）で味をととのえる。

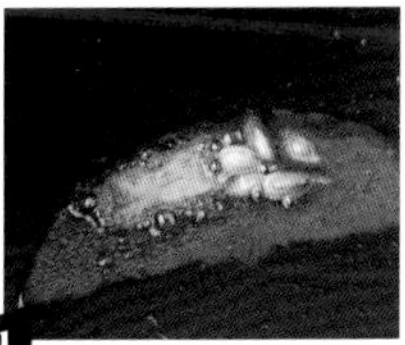

1 フライパンを傾けてスパイスがサラダ油に浸るようにするとよい。

2 水気がなくなるまで炒める。

5 ホールスパイスは食べるときに取り除く。

保存と解凍について

- お弁当には、凍ったまま盛りつけて自然解凍可。
- おうちごはんのときは、電子レンジで解凍する。

※フリーザーバッグに入れるときは、薄く広げて入れると解凍しやすい。

カリー子MEMO グリーンピース以外に、じゃがいも(角切り)、コーン、ひよこ豆などもおすすめ！
トマト1/2個はトマト缶100gで代用できます（余ったトマト缶は小分けして冷凍保存可能）。

DRY CURRY 02 : [*Coconut Shrimp Curry*]

ココナッツシュリンプ弁当

高たんぱく質&低脂質なえびは、食べごたえがあるのにヘルシーな食材。
パンチの効いた甘辛味のシュリンプに、お弁当タイムが待ち遠しくなるはず。

スパイシー

冷蔵 5日 / 冷凍 1カ月

ココナッツシュリンプ

現地インドでは、青唐辛子を使うことが多いですが、
辛みが出すぎないようにピーマンにしました。

材料（4人分）

- えび　（殻をむきわたを取る）…… 16尾
- ピーマン（細切り）………… 1個
- 玉ねぎ　（薄切り）………… 1個
- トマト　（ざく切り）………… ½個
- にんにく（みじん切り）………… 1かけ
- しょうが（みじん切り）………… 1かけ
- ココナッツファイン………… 大さじ2
- レモン汁………… 大さじ1
- サラダ油………… 大さじ1
- 塩………… 小さじ½

スパイス

- クミンパウダー………… 小さじ1
- コリアンダー………… 小さじ1
- ターメリック………… 小さじ½
- チリペッパー………… 小さじ¼
- ブラックペッパー………… 小さじ¼

作り方

1. フライパンにサラダ油をひき、にんにく、しょうが、玉ねぎをあめ色になるまで、中〜強火で3分ほど炒める。
2. トマトを加えて、ペースト状になるまで炒める。焦げそうなら、少し火力を弱める。
3. 弱火にしてスパイス、塩、ココナッツファインを加えて1分ほど炒め合わせる。
4. えび、ピーマン、レモン汁を加えて、中火で2〜3分ほど炒めたら、塩（分量外）で味をととのえる。

1

3

ペースト状になった②に
スパイス類を投入。

保存と解凍について

- お弁当には、凍ったまま盛りつけて自然解凍可。
- おうちごはんのときは、電子レンジで解凍する。

カリー子MEMO　えびは塩気があるため、塩は最後にお好みで調整してください。
えびは冷凍えび300g、トマト1/2個はトマト缶100gでもOK。

DRY CURRY 03：［ *Dry Chicken Curry* ］

ドライチキンカレー弁当

カレー好きにはたまらない本格チキンカレーを、ドライタイプにしてお弁当向きに。
クミン炒めの野菜おかずを別添えにして、バランスよく。

スパイシー

ドライチキンカレー

冷蔵 5日 / 冷凍 1カ月

ドライといえども、満足度十分で食べごたえのある仕上がりに。
やわらかな香りが出るホールスパイスがあると、劇的に香り豊かに。

材料（4人分）

- 鶏もも肉（一口大に切る）……400g
- 玉ねぎ　（薄切り）……1個
- トマト　（ざく切り）……½個
- にんにく（みじん切り）……1かけ
- しょうが（みじん切り）……1かけ
- ココナッツファイン……大さじ3
- サラダ油……大さじ1
- 塩……小さじ1

スパイス
- クミンパウダー……小さじ1
- コリアンダー……小さじ1
- ターメリック……小さじ½
- チリペッパー……小さじ½
- ブラックペッパー……小さじ¼

ホールスパイス（パウダーでも可）
- カルダモン……5粒
- シナモン……5cm

作り方

1. フライパンにサラダ油を入れ、ホールスパイスを弱火で熱する。（パウダーの場合は、各小さじ¼を④で加える）
2. カルダモンが膨らんだら、にんにく、しょうが、玉ねぎを加え、焦げ茶色になるまで中～強火で5分ほど炒める。
3. トマトを加えて、つぶしながらペースト状にする。
4. 弱火にしてスパイス、塩を加えて1分ほど炒め合わせる。
5. 鶏もも肉を加えて、水分をとばすようにしながら中火で5分ほど炒める。（多少焦げてもよい）
6. ココナッツファインを加えて3分ほど炒めたら、塩（分量外）で味をととのえる。

3 玉ねぎが焦げ茶色になったらトマトを加える。

5

保存と解凍について

- お弁当には、前夜に冷蔵庫に入れるor当日電子レンジで半解凍する。
- おうちごはんのときは、電子レンジで解凍する。

保存容器で！

カリー子MEMO　ココナッツファインを加えてからよく炒めることで、独特な香りが和らぎます。

DRY CURRY 04：［ *Zucchini Pork Curry* ］

ズッキーニポークカレー弁当

しっとりとしたポークに、旨みと油分がしみ込んだズッキーニが絶妙。
ビタミンB1が豊富な豚肉で免疫力もアップ！

スパイシー

ズッキーニポークカレー

冷蔵 5日 / 冷凍 1カ月

牛乳をプラスすることで、マイルドな味わいに。
全体にこくを加えつつ、生クリームよりあっさりと仕上がります。

材料（4人分）

豚肩ロース肉（一口大に切る）… 300g
ズッキーニ　（半月切り）……… 1本
玉ねぎ　（みじん切り）…… 1個
トマト　（ざく切り）……… 1個
にんにく　（みじん切り）…… 1かけ
しょうが　（みじん切り）…… 1かけ
牛乳…………………… 50ml
サラダ油………… 大さじ1
塩………………… 小さじ1

スパイス
コリアンダー……… 小さじ2
クミンパウダー…… 小さじ½
ターメリック……… 小さじ½
チリペッパー……… 小さじ½

ホールスパイス（パウダーでも可）
カルダモン………… 5粒
シナモン…………… 5cm

作り方

1. フライパンにサラダ油を入れ、ホールスパイスを弱火で熱する。（パウダーの場合は、各小さじ¼を④で加える）
2. カルダモンが膨らんだら、にんにく、しょうが、玉ねぎ入れ、焦げ茶色になるまで中~強火で10分ほど炒める。
3. トマトを加えて、つぶしながらペースト状にする。
4. 弱火にしてスパイス、塩を加えて1分ほど炒め合わせる。
5. 豚肩ロース肉を加えて、火が通るまで中火で2分ほど炒める。
6. ズッキーニ、牛乳を加えてよく混ぜ、ふたをして弱火で10分ほど蒸し煮にする。最後にふたを取り水気をとばしたら、塩（分量外）で味をととのえる。

2 焦げ茶色になり水気がなくなるまで炒める。

6

保存と解凍について

- お弁当には、前夜に冷蔵庫に入れるor当日電子レンジで半解凍する。
- おうちごはんのときは、電子レンジで解凍する。

保存容器で！

カリー子MEMO　ズッキーニの代わりに、なすやパプリカでもおいしいです。

DRY CURRY 05：［ *Carrot Chicken Curry* ］

キャロットチキンカレー弁当

細切りにんじんがからんだチキンがとろり。
ヨーグルトとバターを使って、口あたりなめらかな、まろやか系カレーに。

スパイシー

冷蔵 5日 / 冷凍 1ヵ月

キャロットチキンカレー

体を温める効果のあるしょうがは、多めに入れてもOK。
他のカレーも同様。自分の体調次第でアレンジして。

材料（4人分）

- 鶏もも肉（細く切る）……300g
- にんじん（細切り）……1本
- 玉ねぎ　（薄切り）……½個
- トマト　（ざく切り）……½個
- にんにく（みじん切り）……1かけ
- しょうが（みじん切り）……1かけ
- ヨーグルト……50g
- バター……15g
- 塩……小さじ1

スパイス
- クミンパウダー……小さじ1
- コリアンダー……小さじ1
- ターメリック……小さじ1
- チリペッパー……小さじ½

ホールスパイス（パウダーでも可）
- カルダモン……5粒
- シナモン……5cm

作り方

1. フライパンにバターを入れ、ホールスパイスを弱火で熱する。（パウダーの場合は、各小さじ¼を④で加える）
2. カルダモンが膨らんだら、にんにく、しょうが、玉ねぎを加えてあめ色になるまで中火で5分ほど炒める。
3. トマトを加えて、つぶしながらペースト状にする。
4. 弱火にしてスパイス、塩を加えて1分ほど炒め合わせる。
5. にんじんと鶏もも肉を入れて、肉に火が通るまで中火で3～5分ほど炒める。よく混ぜてなめらかにしたヨーグルトを加え、混ぜ合わさったら塩（分量外）で味をととのえる。

2 バターの風味がとばないようにあめ色程度の炒め具合でOK。

5 ヨーグルトは分離してダマにならないようよくかき混ぜてから加える。

保存と解凍について

- お弁当には、前夜に冷蔵庫に入れるor当日電子レンジで半解凍する。
- おうちごはんのときは、電子レンジで解凍する。

カリー子MEMO 玉ねぎの1個は200gが目安です（他のカレーも同様）。

スパイスおかずに合うご飯

白米にもマッチするスパイスおかずですが
より本格的になって、簡単に炊けるご飯３種をご紹介。

見栄え抜群！

TURMERIC RICE

きれいな黄色で、彩りピカイチ！　ほんのり優しい土のような香りがおかずと相性抜群。

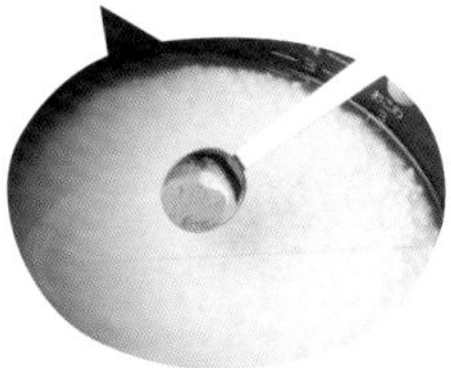

ターメリックライス

炊飯器で炊く方法

お米２合に対して小さじ¼のターメリックを加えて、軽く混ぜてから通常と同様に炊く。

余ったご飯をリメイクする方法

フライパンに少量の油とターメリックを加えてから火をつけ
ご飯を加えて炒める。

余った白米に+α

JEERA RICE

ジーラライス

クミンの香りで食欲増進！ バターで炒めても◎。
最後に少量の塩で味をつければ傷み防止に。

炊飯器で炊く方法

お米２合に対して小さじ¼の
クミンシードを加え、通常モードで炊く。

余ったご飯をリメイクする方法

フライパンに少量の油とクミンシードを入れ
スパイスが泡を立てて全体的に浮いてきたら
ご飯と小さじ½の塩を加えて炒める。

バスマティライス

さらさらと食べやすい食感で、夏バテなど
消化力が落ちたときにもおすすめ。

炊飯器で炊く方法

お米２合に対して日本米の水分量の
2.4合分（1.2倍の水分量）を加えて浸水なしで
早炊きモード（なければ通常の設定）で炊く。
※水分量は、炊飯器の水位線を参考に目分量でよい。

急ぎのときに！鍋で煮る方法

洗って30分以上浸水させて
沸いた湯で7分ほど煮る。指でつぶれるくらいの
柔らかさになったら、ざるに上げて水気をよくきる。
熱い鍋にざるごと戻して、ふたをして15分ほど蒸らす。

さらっと食べやすい！

BASMATI RICE

カリー子のお弁当日記

お弁当を毎日作り続けていると、こんなことやあんなことがありました。結論、「お弁当ってほんと楽しい!」

◇◇◇◇◇◇◇◇◇◇◇

A 初期のチキンカレー弁当。B 頼まれて友人の分のお弁当も一緒に。C カリー子を名乗りだした頃。D さばカレー×そうめんは夏の定番。

E インド旅では屋台に夢中。F インドにて至福の時…！ Gビニール袋カレーとぎゅうぎゅうビリヤニ(1.5合ほどの量!)。H 仕事中のお弁当待ちは我慢との闘い。I バナナの葉包みのスリランカのお弁当。超絶おいしいです♡

カレー弁当をはじめたきっかけは？

もともとお弁当を持参していたのですが、カレーを初めて持って行ったのは大学２年生の時。当時インド料理屋さんのレシピ開発で大量にカレー作りをしていたので、どうだろう…と思いながらも、冷蔵庫に余っていたカレーをお弁当に入れてみました。そしたら、おいしすぎてテンションアップ！　あっためなくても味がよく、なにより楽ちん♪　カレー弁当の頻度も増え、スパイスおかずのお弁当へと発展しました。

お気に入りの手作り弁当は？

白米代わりの主食×カレーがお気に入り。例えば、夏はそうめん（写真D）。カレーと混ぜ合わせたら最高！　冷凍ナンや玄米も雰囲気が変わります。この本に出てくるオリーブ煮やレーズン煮の肉おかずは、パンとの相性抜群。自分好みの組み合わせを発見するのも楽しいのです。

お弁当にまつわる思い出は？

お弁当生活は、中学・高校時代から。昔からものすごく食べる子で、お弁当に白ご飯を１合持って行くくらい（笑）。そんな私を満足させようと、がっつり弁当を毎日毎日作ってくれた母。市販の冷凍食品が入っていたことが一切なく、今思うとありがたいですね。

カレー弁当の失敗談を教えて！

ある日、ルウを使ったいわゆる「日本のおうちカレー」を持って行った時のこと。ひと口食べたら舌触りざらざら（涙）。ルウは冷めると固まってしまう性質なんです。スパイスカレーのおいしさを実感した出来事でした。

記憶に残ってるお弁当は？

大好きなインドの旅で出会ったお弁当（写真G）は衝撃でした。すごい量のご飯に、カレーはビニール袋に入れるワイルドさ！　味はというと…そのまま日本に持って帰りたいくらいおいしくて！　今でも忘れられません。

PART.4

(SPICE BENTO)

＼調理法別／

野菜・豆・卵のおかず

素材そのものを生かした副菜のおかずは
+スパイスでごはんが進む味わいに。よりヘルシーにしたい日は
野菜おかずだけを組み合わせても。悩まずに
数種類の作りおきができるよう、調理法別にまとめました。
とくに明記がない限り、（作りやすい分量）で表記しています。

〈野菜・豆〉炒めるおかず

スパイシー

冷蔵 1週間

ほうれん草のクミン炒め

ごま油でほんのり中華風。シンプルなおいしさ。

［材料］

ほうれん草（5cm長さに切る）‥‥ 1束（200g）
ごま油‥‥‥‥‥‥‥‥‥‥‥‥‥ 大さじ1
塩‥‥‥‥‥‥‥‥‥‥‥‥‥‥ 小さじ¼
スパイス［ クミンシード‥‥‥‥‥‥‥‥‥‥ 小さじ½

［作り方］

1. フライパンにごま油をひいてクミンシードを弱火で熱する。
2. クミンシードが泡立って浮いてきたらほうれん草を加え、中火で1分ほど炒める。最後に塩で味をととのえる。

スパイシー

冷蔵 1週間

ブロッコリーのクミン炒め

クミンとバターの風味は子どもから大人まで好きな味。

［材料］

ブロッコリー（小房に分ける）‥‥ 1株（200g）
バター‥‥‥‥‥‥‥‥‥‥‥‥‥‥‥ 10g
塩‥‥‥‥‥‥‥‥‥‥‥‥‥‥‥‥ 小さじ¼
スパイス［ クミンシード‥‥‥‥‥‥‥‥‥‥ 小さじ½

［作り方］

1. フライパンにバターをひいてクミンシードを弱火で熱する。
2. クミンシードが泡立って浮いてきたらブロッコリーを加えて混ぜ合わせ、弱火でふたをして5分ほど蒸す。
3. 塩で味をととのえる。

いつもの副菜が、ひとつまみのスパイスでとんでもないおいしさに変身。
野菜の水分を出し、油でコーティングをすることが、保存力アップのカギ。

スパイシー

冷蔵 1週間

ひよこ豆のクミン炒め

ホクホクとした食感、ちょいスパイシーでやみつきに。

［材料］

ひよこ豆の水煮 ………………… 150g
バター……………………………… 10g
塩 …………………………………適量
※ひよこ豆の水煮はメーカーによって塩分が異なるので小さじ⅛から調整して加える。

スパイス
クミンシード………………… 小さじ½
ターメリック………………… 小さじ¼
チリペッパー………………… 小さじ⅛

［作り方］

1. フライパンにバターをひいてクミンシードを弱火で熱する。
2. クミンシードが泡立って浮いてきたら、汁気をきったひよこ豆とターメリック、チリペッパーを加えて1分ほど炒め合わせ塩で味をととのえる。

洋風

冷蔵 1週間

グリーンピースのクミン炒め

スパイスがふんわり香る、ペペロンチーノ風おかず。

［材料］

グリーンピース ……………………… 100g
ベーコン………………………………… 50g
にんにく（薄切り） ………………… 1かけ
オリーブオイル …………………… 小さじ1
塩 …………………………………… 小さじ⅛

スパイス
クミンシード……………………… 小さじ½
ブラックペッパー ………………… 小さじ⅛

［作り方］

1. フライパンにオリーブオイルを入れクミンシードを弱火で熱する。
2. クミンシードが泡立って浮いてきたら、にんにくを入れる。にんにくの香りが立ったらベーコン、グリーンピースを加えて2分ほど炒める。
3. ブラックペッパーを加え、塩で味をととのえる。

〈野菜・豆〉炒めるおかず

スパイシー

冷蔵 1週間

ゴーヤのポリヤル

“ポリヤル”は南インドのスパイス炒めのこと。
ココナッツで苦みもまろやかに。

［材料］

ゴーヤ（半分に切りわたを取り5mm幅に切る）
…… 1本（200g）
おろしにんにく …… 1かけ分
おろししょうが …… 1かけ分
ココナッツファイン …… 大さじ2
レモン汁 …… 小さじ1
塩 …… 小さじ½
サラダ油 …… 大さじ1
スパイス［ターメリック …… 小さじ¼
チリペッパー …… 小さじ¼］

［作り方］

1. フライパンにサラダ油をひいて
にんにく、しょうがを弱火で熱する。
2. 香りが立ってきたらゴーヤを加え、
中火で2分ほど炒める。
3. スパイス、塩、ココナッツファインを加えて
さらに1分ほど炒める。最後に、レモン汁を
回しかける。

スパイシー

冷蔵 1週間

オクラのポリヤル

インドではオクラは定番野菜。
スパイスもよくからみます。

［材料］

オクラ（小口切り） …… 16〜20本（200g）
おろしにんにく …… 1かけ分
おろししょうが …… 1かけ分
ココナッツファイン …… 大さじ2
塩 …… 小さじ½
サラダ油 …… 大さじ1
スパイス［ターメリック …… 小さじ¼
チリペッパー …… 小さじ¼］

［作り方］

1. フライパンにサラダ油をひいて
にんにく、しょうがを弱火で熱する。
2. 香りが立ってきたらオクラを加え、
中火で1分ほど炒める。
3. スパイス、塩、ココナッツファイン
を加えてさらに1分ほど炒める。

甘い

冷蔵 1週間

にんじんのシナモンソテー

ほんのり甘いシナモン風味は、肉おかずと相性抜群。

［材料］

にんじん（乱切り）
…………3本（300g）
塩……………小さじ¼
砂糖……………大さじ1
サラダ油……………大さじ1
スパイス［ シナモンパウダー‥小さじ¼

［作り方］

1. フライパンにサラダ油をひいてにんじんと塩を入れて混ぜ、ふたをして弱火で10分ほど蒸し焼きにする。
2. にんじんが柔らかくなったら砂糖とシナモンパウダーを全体にまぶし合わせる。

甘い

冷蔵 1週間

かぼちゃのシナモンソテー

かぼちゃとシナモンの甘いハーモニーがたまらない。

［材料］

かぼちゃ……⅓個（500g）
砂糖……………小さじ2
塩……………小さじ¼
サラダ油……………大さじ1
スパイス［ シナモンパウダー‥小さじ½

［作り方］

1. 耐熱容器にかぼちゃを入れてラップをし、電子レンジ（800W）で3分加熱する。冷ましてから角切りにする。
2. フライパンにサラダ油をひいて①を弱火で焼く。
3. かぼちゃが柔らかくなったら塩、砂糖、シナモンパウダーを全体にまぶし合わせ、軽く焦げ目をつける。

和風

冷蔵 1週間

かぶの葉みそ

変化球のみそ味は、ご飯のお供にもお酒のアテにも。

［材料］

かぶの葉（みじん切り）
…………1束（100g）
みそ……………大さじ1
砂糖……………大さじ1
みりん……………大さじ1
ごま……………小さじ1
しょうゆ……………小さじ1
ごま油……………小さじ1
スパイス［ ターメリック……小さじ¼

［作り方］

1. フライパンにごま油をひいてかぶの葉を中火で1分ほど炒める。
2. 残りの材料をすべて加えて水分をとばしながら、5分ほど炒める。

野菜・豆 蒸すおかず

余熱で味を含ませる蒸しものは、失敗なくおいしい仕上がりに。

スパイシー

冷蔵 1週間

ミックスベジマサラ

レンチンで簡単！ 冷凍食品を使ってさらに時短も可能。

[材料]

じゃがいも（1cmの角切り）……1個（150g）
にんじん （1cmの角切り）……½本（50g）
冷凍グリーンピース……30g
※みじん切りにしたさやいんげんでも。
バター……10g
レモン汁……小さじ1
塩……小さじ½

スパイス
クミンパウダー・小さじ½
コリアンダー…小さじ½
ターメリック…小さじ½
チリペッパー…小さじ⅛

[作り方]

1. じゃがいも、にんじん、冷凍グリーンピースを耐熱容器に入れ、ラップをして電子レンジ（800W）で3分ほど加熱する。
2. 熱いうちに、残りの材料をすべて加えて、よく混ぜ合わせる。

洋風

冷蔵 1週間

キャベツのアンブーレ

バターで風味づけしたフランス惣菜“アンブーレ”を変身。

[材料]

キャベツ（せん切り）……⅙個（300g）
ベーコン（細切り）……50g
白ワイン……50ml
バター……10g
塩……小さじ½

スパイス
コリアンダー……小さじ½
ブラックペッパー……小さじ⅛

[作り方]

1. 深めのフライパンにキャベツ、ベーコン、塩、スパイスを入れてよく混ぜ合わせ、白ワインを加える。
2. バターを一番上に置いてふたをし、弱火で7分蒸す。
3. 最後に汁気をよくとばす。

野菜・豆 揚げるおかず

ボリュームが欲しいときにうれしい揚げもの。忙しい日のおうちごはんにも一品あると心強い。

＼ ミックスベジマサラを活用！ ／

スパイシー

冷蔵 5日 / 冷凍 1カ月

サモサロール

アレンジでまた違う気の利いたおかずに変身。

［材料］

春巻きの皮 …………………… 4枚
ミックスベジマサラ
…… レシピはP.96（半量ほどを使用）
サラダ油 …………………… 適量

［作り方］

1. ミックスベジマサラをフォークの裏や麺棒でつぶし、春巻きの皮で包む（包み方はP.73を参照）。
2. フライパンにサラダ油を薄くひき、①の包み終わりを下にして入れ、片面1～2分ずつ揚げ焼きにする。

解凍について

- お弁当には、凍ったまま盛りつけて自然解凍可。
- おうちごはんのときは、凍ったままトースターで解凍する。

スパイシー

冷蔵 5日 / 冷凍 1カ月

カリフラワーのパコラ

衣にオリーブオイルを加えて、風味とさくっとした食感をプラス。

［材料］

カリフラワー …… ½個（150g）
揚げ油 …………… 適量

スパイスの衣
薄力粉 …………… 50g
水 ………………… 50ml
オリーブオイル …… 大さじ1
レモン汁 ………… 大さじ1
塩 ………………… 小さじ½

スパイスの衣
コリアンダー … 小さじ1
クミンパウダー … 小さじ½
ターメリック …… 小さじ½
チリペッパー … 小さじ¼
ブラックペッパー
………… 小さじ¼

［作り方］

1. カリフラワーは小分けにして耐熱容器に入れ、ラップをして電子レンジ（800W）で2分ほど加熱する。
2. スパイスの衣の材料をすべてよく混ぜ合わせる。冷ました①に衣をよくからませ、高温（180℃）の揚げ油で3分ほど揚げる。

〈野菜・豆〉和えるおかず

あっさり

冷蔵 1週間

ズッキーニのナムル

韓国の和えものも、白だし×クミンで新鮮なおいしさ。

［材料］

ズッキーニ（2mm幅に切る）…… 1本（150g）
白だし…………………………… 大さじ1
ごま油…………………………… 小さじ1
スパイス［ クミンパウダー………………… 小さじ½

［作り方］

1. すべての材料を保存用ポリ袋に入れ、混ぜ合わせて30分以上おく。

あっさり

冷蔵 1週間

にんじんと大根のクミンなます

箸休めにぴったり！ さっぱりしたスパイス副菜。

［材料］

大根 （4cm長の細切り）… ⅓本（300g）
にんじん（4cm長の細切り）… 1本（100g）
酢………………………………… 大さじ3
砂糖……………………………… 大さじ3
塩………………………………… 小さじ1
スパイス［ クミンシード………………… 小さじ½

［作り方］

1. 大根、にんじん、塩を保存用ポリ袋に入れ、よく混ぜて30分以上おく。
2. フライパンでクミンシードを2分ほど弱火でから煎りしてよく冷ます。
3. 保存用ポリ袋の上からにぎって①の水気をよく絞り、酢、砂糖、②を合わせる。

時間をおいて味をしみ込ませる調理法は、作りおき向き。
合わせるスパイスに変化をつけて、いろんな味を楽しみたい。

スパイシー

冷蔵 1週間

大根のすりごまナムル

塩気を強めにつけ、ごまで余分な水気を吸うのがコツ。

［材料］

大根（拍子木切り）……⅓本（300g）
塩……小さじ2
すりごま……大さじ2
レモン汁……大さじ1
ごま油……大さじ1
スパイス
ターメリック……小さじ½
チリペッパー……小さじ½

［作り方］

1. 大根、塩を保存用ポリ袋に入れ、よく混ぜてひと晩おく。
2. ①の水をよく絞った後、残りのすべての材料を合わせる。

スパイシー

冷蔵 1週間

じゃがいものすりごまナムル

健康作用の高いターメリックで、彩りもきれい。

［材料］

じゃがいも（1cmの角切り）……2個（300g）
すりごま……大さじ1
レモン汁……大さじ1
ごま油……大さじ1
塩……小さじ½
スパイス
クミンパウダー……小さじ½
ターメリック……小さじ½
チリペッパー……小さじ½

［作り方］

1. じゃがいもを耐熱容器に入れ、ラップをして電子レンジ（800W）で3分ほど加熱する。
2. 熱いうちに、残りのすべての材料と合わせる。

〈野菜・豆〉和えるおかず

甘い

冷蔵 1週間

かぶの甘酢漬け

爽やかなコリアンダーの香りがふんわり効いて。

［材料］

かぶ（1mm幅の薄切り）……… 3個（300g）
砂糖 ……… 大さじ2
酢 ……… 大さじ2
塩 ……… 小さじ1
スパイス［ コリアンダー ……… 小さじ½

［作り方］

1. かぶと塩を保存用ポリ袋に入れ、よく合わせて30分以上おく。
2. ①の水気をよく絞り、残りの材料を合わせる。

和風

冷蔵 1週間

枝豆の出汁しょうゆ漬け

冷凍枝豆を塩ゆでしてもOK。お酒のおつまみに最適。

［材料］

枝豆 ……… 200g
白だし ……… 大さじ1
ごま油 ……… 小さじ1
スパイス［ クミンパウダー ……… 小さじ½

［作り方］

1. 枝豆は塩ゆで（塩は材料外）する。
2. 湯をよくきり、残りの材料とよく合わせる。

カリー子の地元・宮城の
郷土料理をアレンジ！

和風

冷蔵 1週間

しそのクミンみそ巻き

甘じょっぱいくるみみそ×爽やかな
しその香りが最高！
東北のおばあちゃんの味を、
スパイスでカリー子流に。

材料

大葉	30枚
みそ	30g
小麦粉	15g
砂糖	15g
くるみ（みじん切り）	15g
水	15ml
サラダ油	適量
スパイス［クミンパウダー	小さじ½

作り方

1. みそ、小麦粉、砂糖、クミンパウダー、水を耐熱容器に入れよく混ぜ合わせ、ふたをせず電子レンジ（800W）で30秒加熱してから1分ほど練る。
2. 再度、電子レンジ（800W）で30秒加熱したら、くるみを加えてひとまとまりになるまで練る。
3. ②を棒状にして大葉で巻き、楊枝で3個ずつとめる。
4. フライパンにサラダ油をひき、③を中火で2～3秒ほど油につけるようにして揚げる。

2 もったりと重くなるまで練る。

3 巻き終わりを楊枝で刺す。

4 揚げすぎると香りがとんで色が悪くなるので注意。

保存容器で！

カリー子MEMO 大葉が手に入る時期にたくさん作って冷凍保存も可能（冷凍1ヵ月）。自然解凍で食べられます。

野菜・豆 漬けるおかず

インドの漬けもの“アチャール”は、カレーの付け合わせとしても一般的。
酸・甘・辛と複雑な味わいで、どんなメインおかずともマッチ。

カリフラワーのアチャール

甘酸っぱさ×ちょいピリ辛の味つけに、箸が止まらない。

［材料］

- カリフラワー（小分けにする）…… ½個（300g）
- おろしにんにく…… 1かけ分
- おろししょうが…… 1かけ分
- 酢…… 50ml
- 砂糖…… 小さじ2
- 塩…… 小さじ½
- サラダ油…… 大さじ1
- スパイス
  - ターメリック…… 小さじ½
  - チリペッパー…… 小さじ½

［作り方］

1. フライパンにサラダ油をひいて
にんにく、しょうがを弱火で熱する。
2. 香りが立ってきたら残りの材料をすべて加えて
よくかき混ぜ、ふたをして弱火で7分ほど蒸す。
3. ふたを取り、水気をとばしながら
中火で1分ほど加熱する。

きゅうりのアチャール

スパイスで香りよく、オリーブオイルやレモン汁で爽やかに。

［材料］

- きゅうり（1mm幅の薄切り）…… 2本（200g）
- おろしにんにく…… 1かけ分
- おろししょうが…… 1かけ分
- オリーブオイル…… 大さじ1
- レモン汁…… 大さじ1
- 砂糖…… 小さじ1
- 塩…… 小さじ½
- スパイス
  - クミンパウダー…… 小さじ¼
  - コリアンダー…… 小さじ¼

［作り方］

1. フライパンにオリーブオイルをひいて
にんにく、しょうがを弱火で熱する。
2. 香りが立ってきたら残りの材料をすべて
加えて、中火で1分ほど加熱する。

ミックスビーンズのアチャール

栄養豊富な豆類も、ひと工夫でこのおいしさ！

［材料］

- ミックスビーンズの水煮…… 150g
- おろしにんにく…… 1かけ分
- おろししょうが…… 1かけ分
- オリーブオイル…… 大さじ1
- レモン汁…… 大さじ1
- 砂糖…… 小さじ1
- 塩…… 小さじ¼
- スパイス
  - ターメリック…… 小さじ¼
  - クミンパウダー…… 小さじ¼
  - チリペッパー…… 小さじ⅛

［作り方］

1. フライパンにオリーブオイルをひいて
にんにく、しょうがを弱火で熱する。
2. 香りが立ってきたら残りの材料をすべて
加えて、中火で1分ほど加熱する。

※ミックスビーンズの水煮はメーカーによって
塩分が異なるので、塩加減はお好みで調整を。

キャベツのアチャール

しっとりした副菜は、お弁当のすき間埋めにもってこい。

［材料］

- キャベツ（せん切り）…… ⅙個（300g）
- おろしにんにく…… 1かけ分
- おろししょうが…… 1かけ分
- 酢…… 50ml
- 砂糖…… 小さじ2
- 塩…… 小さじ½
- サラダ油…… 大さじ1
- スパイス
  - ターメリック…… 小さじ½
  - チリペッパー…… 小さじ½

［作り方］

1. フライパンにサラダ油をひいて
にんにく、しょうがを弱火で熱する。
2. 香りが立ってきたら残りの材料をすべて
加えてよくかき混ぜ、ふたをして弱火で
7分ほど蒸す。
3. ふたを取り、水気をとばしながら
中火で1分ほど加熱する。

卵　卵のおかず

スパイスの香りはもちろん、見た目にも変化が出る卵のおかず。
中まで熱をしっかり通して仕上げを。

洋風

黄金いりたまご

冷蔵 5日／冷凍 1ヵ月

ターメリックを加えるだけで、なんともきれいな黄金色！

［材料］

- 卵 …………… 2個
- 牛乳 ……… 大さじ2
- 砂糖 ……… 小さじ2
- 塩 ……… ひとつまみ
- サラダ油 …… 大さじ1
- スパイス［ターメリック… 小さじ¼

［作り方］

1. 牛乳、砂糖、ターメリック、塩をよく混ぜてから、卵を加えてとき合わせる。
2. フライパンにサラダ油をひいて弱火にし、①を加えて箸でよくかき混ぜる。

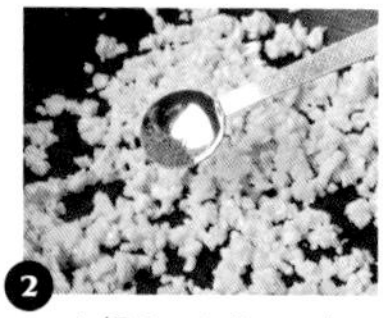

2 お好みでシナモンを少量ふってもおいしい！

保存と解凍について

- お弁当には、凍ったまま盛りつけて自然解凍。
- おうちごはんのときは、電子レンジで解凍する。

フリーザーバッグで！

カリー子MEMO　ターメリックを加えるときは、牛乳でといてから混ぜると均一になります。
卵の後に加えると、ダマになってしまうので注意。塩はほんの少量（小さじ1/8以下）で味が引きしまります。

洋風

なすたまご

なすとの組み合わせで、立派なボリュームおかずに！

冷蔵 5日 / 冷凍 1ヵ月

［材料］

なす（乱切り） ………… 2本（150g）
卵 ………………… 2個
ごま油 ………… 大さじ1
塩 ……………… 小さじ½
スパイス［クミンパウダー …… 小さじ½

［作り方］

1. フライパンにごま油を入れ、なすを中火で2分炒める。
2. ①に塩とクミンパウダーを加えてよく混ぜ合わせる。
3. なすをフライパンの脇によせ、ごま油を少量（分量外）加えて卵液を流し入れる。
4. 卵の周りが固まってきたら全体に大きくかき混ぜて火を止める。

3

保存と解凍について

お弁当には、凍ったまま盛りつけて自然解凍。

おうちごはんのときは、電子レンジで解凍する。

カップに小分けして保存容器で！

卵　卵のおかず

洋風

チーズマサラオムレツ

冷蔵 5日 ／ 冷凍 1ヵ月

スパイス香るオムレツは、オーブン焼きのお手軽さもいい。

［材料（カップ4個分）］

卵 ………………… 2個
玉ねぎ ……………… ¼個
ミニトマト（小さく切る）… 4個
パクチー（みじん切り）… 1株
ピザ用チーズ ………… 40g
おろしにんにく …… 1かけ分
おろししょうが …… 1かけ分
牛乳 ……………… 大さじ4
塩 ……………… 小さじ¼
スパイス
ターメリック ……… 小さじ¼
クミンシード ……… ひとつまみ

［作り方］

1. オーブンの天板にコップ1杯分の水をはって、180℃に予熱する。
2. 牛乳とターメリックを混ぜ合わせてから、クミンシード以外の残りの材料をよく混ぜ合わせる。
3. マフィン型用耐熱カップに②を4等分して入れ、クミンシードをトッピングする。
4. ①のオーブンで20分焼く。

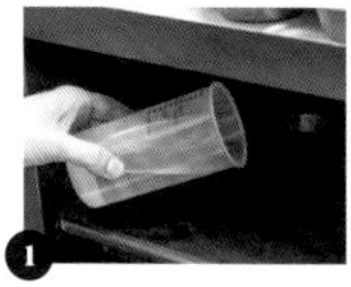
1

3

マフィン型用の
耐熱カップが便利！

保存と解凍について

- お弁当には、凍ったまま盛りつけて自然解凍。
- おうちごはんのときは、電子レンジで解凍する。

フリーザーバッグで！

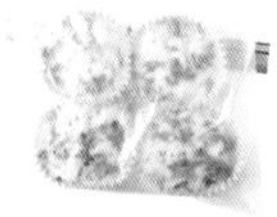

カリー子MEMO　パクチーの代わりに、ほうれん草や小ねぎなどでもおいしいです。

洋風

エッグココット

冷蔵 5日

見映えのインパクトもお弁当向き！ 朝食にもおすすめです。

[材料（カップ2個分）]

- 卵 ………………… 2個
- ベーコン …………… 20g
- ピザ用チーズ ………… 20g
- スパイス
  - クミンパウダー ……… 適量
  - ブラックペッパー …… 適量

[作り方]

1. オーブンの天板にコップ1杯分の水をはって、180℃に予熱する。
2. マフィン型用耐熱カップにベーコンとチーズを加え、スパイスをひとつまみずつ加えて混ぜ合わせ、卵を割り入れる。
3. さらにひとつまみずつスパイスをふりかけ、①のオーブンで20分焼く。

2

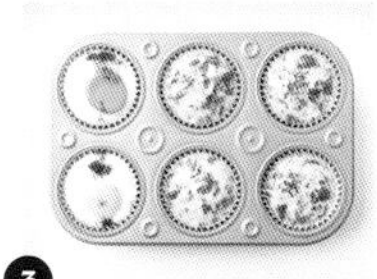

3

マフィン型を使う場合は、チーズマサラオムレツ（P.106）と一緒に焼ける。

保存と解凍について

冷凍保存は食感が変わるのでおすすめしません。

保存容器で！

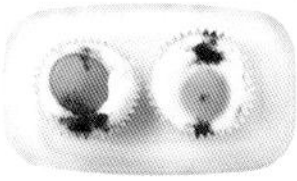

カリー子MEMO お湯をはらないと白身が膨れあがってしまい綺麗に焼けないので注意。湯煎焼きをすると、表面の白身はしっとり、黄身は全体的に均一にねっとりした食感に仕上がります。

APPETIZERS

ETIZERS

作りおきおかずの楽しみ方❸

お酒のおつまみに

APPETIZERS FOR DRINKING

MENU

※赤ワインに…

1 アッシェ・パルマンティエ……………（P.44）

2 かぼちゃのシナモンソテー……………（P.95）

※日本酒に…

3 もっちり蒸し鶏のクミン香味だれ………（P.26）

4 しそのクミンみそ巻き……………（P.101）

※ビールに…

5 枝豆の出汁しょうゆ漬け……………（P.100）

6 サモサロール……………（P.97）

※白ワインに…

7 爽やかカルダモンチキン……………（P.28）

8 あさりとキャベツの蒸し煮……………（P.66）

スパイスの魔法で、ついついもう一杯。香り強めのおかずには赤ワインを、和風のスパイスおかずには日本酒が絶妙、鉄板の枝豆&春巻きにはビールでしょ、さっぱりした料理には白ワイン…はぁ、いつもよりもお酒が進みます。

よく知りたい材料のあれこれ

本書で使用した、スパイス料理に欠かせない食材。ちょっとした豆知識を知っておくと便利。

Lamb Meat

ラム肉

ラムやマトンはスパイスと好相性。輸入食材店で冷凍肉を売っていることもある。

Coconut Fine

ココナッツファイン

ドライカレーやポリヤルなどで使用。湿気ないように保存袋に入れて常温保存が可能。

Green peas

グリーンピース

豆料理に多用するので冷凍品を常備すると便利。ご飯に混ぜて炊いても◎。

Lemon Juice

レモン汁

酸味づけに欠かせないアイテム。生でもいいが瓶詰のレモン果汁が便利。

Garlic

にんにく

油でよく加熱をすると口に残る匂いが気にならなくなる。香りが気になるときは省いてもOK。

Salt

塩

スパイス料理には塩のみで味をつけるレシピが多い。粗塩だとよりおいしく仕上がる。

Olive Oil

オリーブオイル

オリーブの爽やかな香りをスパイスと掛け合わせたいときに使用。サラダ油でも問題なし。

番外編

PART.5

(SPICE BENTO)

忙しい日の
クイック
スパイスランチ

「今日はお弁当を食べる時間がない」
「片手で食べられる軽食がいい」そんな日にぴったりの
手軽につまめるスパイスレシピを紹介。
青空の下、ピクニックシーンに持っていっても盛り上がるはず！

QUICK LUNCH : 01

スパイスおにぎり

具材がおかず代わりになるおにぎりは、最強のクイックランチ。
ふんわりとスパイスが香って、ちょっぴり多国籍に。

スパイシー

スパイシーおにぎり

［ 材料（1個分）］

ご飯 ……………… 茶碗1杯（120g）
ウインナー（薄切り） …………… 1本
グリーンピース ………… 大さじ1（10g）
ピザ用チーズ ……………………… 10g

スパイス
- クミンパウダー ………………… 小さじ⅛
- ターメリック …………………… 小さじ⅛
- チリペッパー …………………… 小さじ⅛

［ 作り方 ］

1. ピザ用チーズ以外の材料をよく混ぜ、耐熱容器に入れ、電子レンジ（800W）で1分加熱する。
2. ピザ用チーズを加え、よく混ぜてにぎる。

和風

クミンみそ焼きおにぎり

［ 材料（1個分）］

ご飯 ……………… 茶碗1杯（120g）
ごま油 ……………………… 小さじ1
みそ ………………………… 小さじ1
しょうゆ …………………… 小さじ1
みりん ……………………… 小さじ1
砂糖 ………………………… 小さじ1

スパイス
- クミンパウダー ………………… 小さじ1

大葉（お好みで） ……………… 1枚

［ 作り方 ］

1. みそ、しょうゆ、みりん、砂糖、クミンパウダーを混ぜ合わせ、堅めににぎったおにぎりに塗る。
2. フライパンにごま油をひいて、片面1～2分ずつ弱火で焼いた後、大葉とにぎる。

かぶの葉みそをアレンジ！

かぶの葉みそ菜飯

［ 材料（1個分）］

ご飯 ……………… 茶碗1杯（120g）
かぶの葉みそ（レシピP.95） …… 大さじ1

［ 作り方 ］

1. よく混ぜてにぎる。

鮭のバターソテーをアレンジ！

ほぐししゃけおにぎり

［ 材料（1個分）］

ご飯 ……………… 茶碗1杯（120g）
鮭のバターソテー（レシピP.56）
…………………………… 1切れ

［ 作り方 ］

1. 鮭をほぐしながらさっくりとご飯と混ぜ合わせて、にぎる。

保存と解凍について

冷蔵保存はギュッと堅くなるので、
おいしさをキープするなら
冷凍保存がおすすめです。
食べるときは、電子レンジで
温めなおすと◎。

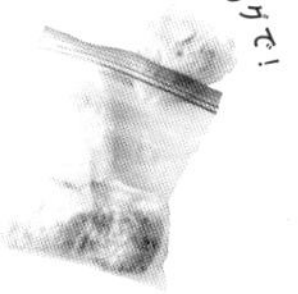

QUICK LUNCH : 02

スパイスサンドイッチ

メインおかずのアレンジにも最適なサンドイッチは
太陽の下でのピクニックに持って行きたい！

スパイシー

ツナカレーサンド

[材料（1人分）]

食パン	2枚
レタス	1枚
ツナ缶	1缶（70～80g）
おろしにんにく	1かけ分
おろししょうが	1かけ分
トマトケチャップ	小さじ1
塩	適量
スパイス　クミンパウダー	小さじ⅛
スパイス　ターメリック	小さじ⅛
スパイス　チリペッパー	小さじ⅛

[作り方]

1. 汁気をきったツナ、にんにく、しょうが、トマトケチャップ、スパイスを混ぜ、電子レンジ（800W）で1分加熱する。
2. ①を塩で味をととのえて、レタスと食パンに挟む。

スパイスフィッシュをアレンジ！

さばサンド

[材料（1人分）]

スパイスフィッシュ（レシピP.62）	1切れ
バゲット	⅓本
レタス	適量

[作り方]

1. バゲットにスパイスフィッシュとレタスを挟む。

スリランカン・カトレットをアレンジ！

カトレットサンド

[材料（1人分）]

スリランカン・カトレット（レシピP.70）	1個
イングリッシュマフィン	1個
せん切りキャベツ	適量
ケチャップやチリソース（お好みで）	適量

[作り方]

1. イングリッシュマフィンを半分に切り、カトレットとキャベツを挟む。
お好みで、ケチャップやチリソースをつけて食べる。

タンドリーチキンをアレンジ！

タンドリーチキンサンド

[材料（1人分）]

タンドリーチキン（レシピP.24）	2個
ポケットサンド	1個
お好みの野菜（せん切りキャベツ、トマト、きゅうりなど）	各適量

[作り方]

1. ポケットサンドにタンドリーチキン、お好みの野菜を挟む。

QUICK LUNCH : 03

スパイスマフィン

実は、カリー子イチオシのクイックランチがこれ！
ワンボウルで作れて、冷凍のまま持っていけちゃいます。

甘い

ソルティシナモンマフィン

冷蔵 4日 / 冷凍 1ヵ月

甘さと塩気がほんのり効いた、食べ飽きないシンプルマフィン。

材料（6個分）

- 卵 …… 1個
- バター …… 50g
- 水 …… 180ml

粉類
- 薄力粉 …… 250g
- 砂糖 …… 80g
- ベーキングパウダー …… 小さじ2
- シナモンパウダー …… 小さじ½
- 重曹 …… 小さじ½
- 塩 …… 小さじ½

作り方

❶ 液体状のベースを作る

大きめの耐熱ボウルにバターを入れて、
電子レンジ（800W）で20秒ほど加熱して溶かす。
それに卵と水を加え、混ぜ合わせる。

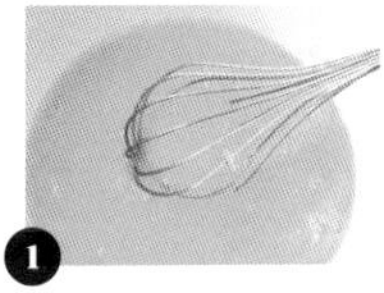

1

❷ 粉類を加える

粉類をふるいにかけながら、
①のボウルに加えて、よく混ぜる。

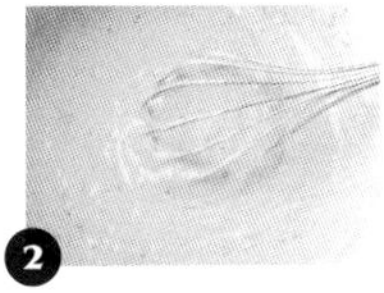

2

❸ 焼く

型に②の生地を山盛りに入れて、
180℃に予熱したオーブンで25分焼く。

3

保存と解凍について

冷蔵保存はギュッと堅くなるので、
おいしさをキープするなら冷凍保存が
おすすめです。 食べるときは、
電子レンジで20秒ほど温めるor
自然解凍でもOK。

フリーザーバッグで！

実は好きじゃなかった！

カリー子がマフィンにハマったワケ

実は、ずっとマフィンが苦手でした。なぜなら、ふわっと香るバター特有の風味が、
昔から得意じゃなかったんです。そこで、バター控えめであっさりしているマフィンを研究することに。
研究を重ねていくと、簡単！おいしい！具材自由！冷凍保存できる！と、いいこと尽くしで、
気がつけばマフィンの虜に…。通学時は凍ったまま持参し、よくランチで食べています。
私のマフィンは、型からまあるく盛り上がるくらいの大きさも特徴。それだけで、幸せな気分になります。

洋風

冷蔵 4日 / 冷凍 1ヵ月

ツナオニオンマフィン

相性抜群のツナとチーズ、そこにクミンで大人風味に。おかずマフィンは朝食にも◎。

材料（6個分）

- 卵 …… 1個
- バター …… 50g
- 水 …… 120ml
- 粉類
  - 薄力粉 …… 200g
  - ベーキングパウダー …… 小さじ2
  - 重曹 …… 小さじ½
  - 塩 …… 小さじ¼
  - ブラックペッパー …… 小さじ⅛
- ツナ缶 …… 1缶（70~80g）
- 玉ねぎ（薄切り） …… ¼個（50g）
- ピザ用チーズ …… 50g
- トッピング
  - クミンシード …… ひとつまみ

作り方

❶ 液体状のベースを作る

大きめの耐熱ボウルにバターを入れて、電子レンジ（800W）で20秒ほど加熱して溶かす。それに卵と水を加え、混ぜ合わせる。

❷ 粉類を加える

粉類をふるいにかけながら、①のボウルに加えて、よく混ぜる。ピザ用チーズの1/3、汁気をきったツナ、玉ねぎを混ぜ合わせる。

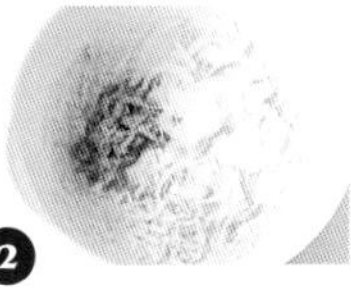

❷

❸ 焼く

型に②の生地を山盛りに入れ、残りのピザ用チーズ、クミンシードをトッピングして、180℃に予熱したオーブンで25分焼く。

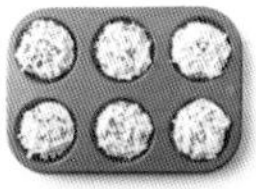

❸

甘い

バナナくるみマフィン

冷蔵 4日 / 冷凍 1ヵ月

爽やかなカルダモンが香るバナナマフィンに、くるみの食感が程よいアクセント。

材料（6個分）

卵 …… 1個
バター …… 50g
水 …… 120ml

粉類
- 薄力粉 …… 200g
- 砂糖 …… 60g
- ベーキングパウダー …… 小さじ2
- カルダモンパウダー …… 小さじ½
- 重曹 …… 小さじ½
- 塩 …… 小さじ¼

A
- バナナ …… 1本（120g）
- くるみ …… 30g

作り方

Aをみじん切りと
トッピングに分ける
⇩

1 液体状のベースを作る

大きめの耐熱ボウルにバターを入れて、
電子レンジ（800W）で20秒ほど加熱して溶かす。
それに卵と水を加え、混ぜ合わせる。

2 粉類を加える

粉類をふるいにかけながら、
①のボウルに加えて、よく混ぜる。
Aは各3/4ほどをみじん切りにして混ぜる。

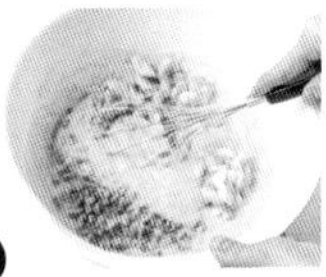

2

3 焼く

型に②の生地を山盛りに入れ、Aの残りのバナナは
薄切りにして、くるみと一緒にトッピングする。
180℃に予熱したオーブンで25分焼く。

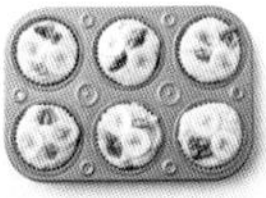

3

こんなふうに
持っていってます♪

by カリー子

甘い

ストロベリークリームチーズマフィン

冷蔵 4日 / 冷凍 1カ月

酸味のある果実と、こくのあるクリームチーズが好相性。見た目もキュート！

材料（6個分）

- 卵…………1個
- バター…………50g
- 水…………80ml
- 粉類
  - 薄力粉…………200g
  - 砂糖…………80g
  - ベーキングパウダー…………小さじ2
  - ターメリック…………小さじ½
  - 重曹…………小さじ½
  - 塩…………小さじ¼
- A
  - 冷凍いちご（小さく切る）…………80g
  - クリームチーズ…………40g

作り方

1 液体状のベースを作る

大きめの耐熱ボウルにバターを入れて、電子レンジ（800W）で20秒ほど加熱して溶かす。そこに卵と水を混ぜ合わせる。

2 粉類を加える

粉類をふるいにかけながら、①のボウルに加えて、よく混ぜる。Aの各3/4ほどをみじん切りにしてよく混ぜる。

2 冷凍いちごは、冷凍のまま生地に加えてOK。

3 焼く

型に②の生地を山盛りに入れ、Aの残りをトッピングして、180℃に予熱したオーブンで25分焼く。

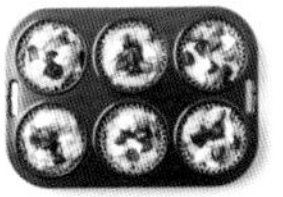

3

MEMO

ターメリックは通常黄色。しかし、焼き上がったマフィンを割るときれいなピンク色に！重曹（アルカリ性）とスパイスの反応を利用した、目にもおいしい色鮮やかなマフィンです。

カリー子MEMO いちごが旬の季節には、生のものを使ってもよいです。

スパイス弁当 相談室

使うとき、買うとき、保存するとき…
スパイスにまつわるお悩みをカリー子が解決！

Q.1 スパイスの保存方法は？

密閉して日の当たらない場所、湿気のないところで常温保存が基本。保存方法は**とにかく湿気ないよう**、密閉容器やチャック付き小袋に移し替えます（乾燥剤を入れると◎）。スパイスは開封すると香りが減衰していくので、できれば少しずつ買い足す方法がおすすめです。

Q.2 同じスパイスのパウダーとホール、両方買うべき？

基本的に**使用頻度が高いのはパウダー**ですが、よく使う人は両方買っておくと便利。スパイス用のミルがあれば、ホールのみの購入でもOK。レシピ内のホール⇆パウダーを置き換える場合は、カルダモンホール5粒=パウダー小さじ¼、シナモンホール5cm=パウダー小さじ¼を目安に。パウダーで代用したら他のパウダースパイスと同じタイミングで投入します。

Q.3 辛みが苦手。チリペッパーは入れなくても大丈夫？

チリペッパーは、実は辛み以外にも旨みを持っています。なので、辛みが苦手な方は**パプリカパウダー**での代用がおすすめ。チリの分量を置き換えて使えば、辛さはなく、**ほんのり甘い風味づけ**になります。

Q.4

お弁当を食べるときに足せるスパイスはある？

お好みで足せるのは、辛みのある**チリペッパーとブラックペッパー**。私は、印度カリー子のスパイスショップで販売している「ホットスパイス」(スパイス5種のブレンドMIX)を常に持ち歩いています。お弁当にかけてから少し温め直すと、スパイスが油に溶けて抜群においしくなります。

Q.5

たくさん作りたいときはレシピの量を倍にしてもOK？

基本的にはOK。材料が増えると調理時間が長くなるので、判断に迷った際は「**色**」で見極めて(あめ色になるまで玉ねぎを炒める、など)。とくに水を使うレシピは、倍量にすると食材の水分もあって水っぽくなることも。**水分量だけはやや少なめに**加えて調整を。味が決まらない場合は基本に戻りましょう。

Q.6

パウダーとホール、使うときのコツはある？

ホールスパイスは工程の一番初めに、冷たい油に入れてから熱して香りを出します。パウダーは、火力が強いと香りがとんでしまうので注意。**スパイスは量を増やしても味が変わるわけではありません。**「物足りないな」と感じたときは、**塩不足**の可能性があります。

Spice Q&A

おわりに

私はお弁当が本当に好きです。
お弁当を食べている時間だけではなく、1週間を乗り切るために、
いろんな食材を使って料理する週末
お弁当を詰めている時のわくわく感に満ちた朝
お昼を楽しみにして頑張る午前中
最高が詰まったお弁当を開けて食べるランチタイム
スパイスの幸せで元気がみなぎる午後
そして、たくさん作っておいたおかずが少しずつ減って、
なくなったときの金曜夜の不思議な達成感…（笑）。
すべてが愛しい時間です。

今はお金を出せばいろんな料理が買える時代になりましたが、
自分が一番食べたいものは自分が一番知っています。
また、自分のために作って食べるということは、単なる栄養摂取
ではなく、自分をいたわり愛する方法のひとつにもなりえます。
スパイスのおかずには、いつも想像を超えた新しい発見と
おいしさがあって、それがマンネリ化したお弁当や食卓に
新しい風を吹かせてくれるものだと確信しています。
魅力にあふれたスパイスで、
あなたの毎日も幸せに包まれたものになりますように。

印度カリー子

STAFF

Author 印度カリー子

Photo 武蔵俊介（世界文化ホールディングス）
Styling 宇藤えみ
Cooking Assistant こいけつむぎ、彼女のカレー、CLARA
Art Direction & Design ないとうはなこ
Sales 丸山哲治
Promotion 小野島健太
Production 中谷正史
Special thanks UTUWA
Composition & Text 高橋仁美
Edit 宮本珠希

毎日食べたいおかずと、冷めてもおいしいカレー
一肉一菜 スパイス弁当

発行日 2021年2月5日

著者 印度カリー子
発行者 秋山和輝
発行 株式会社世界文化社
〒102-8187 東京都千代田区九段北4-2-29
TEL:03-3262-5751（編集部）
TEL:03-3262-5115（販売部）
DTP 株式会社イオック
印刷・製本 大日本印刷株式会社

ISBN 978-4-418-20321-5